문예신서
2006

엄마 아빠, 전 못하겠어요!

아이는 어떻게 자긍심을 갖게 되는가?

엠마누엘 리공

이창실 옮김

東 文 選

엄마 아빠, 전 못하겠어요!

엄마 아빠, 전 못하겠어요!

Emmanuelle Rigon
Papa, maman, j'y arriverai jamais!
Comment l'estime de soi vient à l'enfant

© Éditions Albin Michel, S. A., 2001

This edition was published by arrangement
with Éditions Albin Michel, S. A., Paris
through Bestun Korea Agency, Seoul

차 례

II. 무엇이 문제인지를 이해하기

III. 아이가 자신감을 갖도록 도와 주기

들어가는 말

"엄마 아빠, 전 못하겠어요!" 과제물이나 체력 단련 요구에 직면해 낙담한 아이가 이렇게 말하는 소리를 부모들은 모두 경험했을 것이다. 혹은 부모가 원한다고 생각되는 것(사실이든 아니든)에 대해 아이가 보다 무의식적으로 그렇게 느낄 수도 있다. 이 경우 우리는, 아이가 자기 자신을 의심한다고, 혹은 열등감을 갖거나 자신감이 결여되었다고 말한다.

요구를 충족시킬 만한 힘이 자신에게 있는지 자문할 때, 아이는 주어진 목표를 성취하기 위해 돌진할 수 있다. 반대로 자신의 역량에 대한 확신이 없어 무력감으로 꼼짝 못하는 상태라면 알게 모르게 포기해 버릴 위험이 있다.

자긍심은 아이의 모든 생활에 영향을 미친다. 개인 생활이나 가정 생활, 친구들과의 관계나 학교 생활, 나아가 체력 단련에 있어서까지. 하지만 자긍심이란 말에는 다양한 의미와 어감이 담긴 만큼 정의내리기가 쉽지 않다. 게다가 프랑스에서는 이 개념을 과소평가하고 무시하는 경향이 있음이 사실이다. 학교를 포함한 일부 환경에서는, 자족감을 갖거나 그것을 행동으로 드러내는 것에 대해 못마땅

하게 보기조차 한다. 이처럼 불리하게 작용하는 강한 사회적 압력을 받으면서 아이는 자긍심을 키워 나가야 한다. 전통적으로 존중되었던 가치는 겸손·겸양·의심이었으니 말이다. 일반적으로 부모들 역시 스스로를 평가하고 자신들의 개성과 능력을 과시하는 데 익숙해 있지 않았었다. 따라서 아이를 성취도에 따라 인정해 주는 대신, 자기 자신들에 대해 그렇듯이 아이에 대해서도 의심을 품는다.

자긍심은 중요한 사회적 구성 요인이다. 다른 사람들이 우리를 바라보는(혹은 바라본다고 생각되는) 시선이 참으로 중요하기 때문이다. 이런 자긍심은 아주 어린 시절에 형성된다. 아이는 자기 자신에 대한 이미지와 동시에 나르시시즘을 구축해 나간다. 이것은 심지어 아이가 잉태되기 '이전의 사건들' 및 부모가 상상한 세계, 그리고 부모들 각자가 살아가며 꿈꾸고 상상한 것들에 따라 형성된다.

아이는 자신이 되고 싶어하는 바 및 부모를 비롯한 어른들과의 동일화를 통해, 향후 추구하게 될 이상의 기저를 차츰 마련해 나간다. 이 과정에서 성공하느냐 난관에 부딪히느냐에 따라 이 이상이 소위 말하는 자긍심을 형성하게 된다.

아이의 자긍심 결여는, 단지 지나친 겸손이나 자신감 없는 태도로 미루어 알 수 있는 것이 아니다. 흔히는 스스로를 의심하기 때문에 모순적인 태도를 보이게 된다. 변덕스런 행동이나 공격성, 주변 사람들(아이 혹은 성인)과 맺는 관계상의 어려움 등. 그래서 다른 가족 구성원에 대해 강한 경쟁심을 느끼거나 부모 중 한쪽에게 특별히

'집착' 하며, 학교에서는 예체능 부문이나 사회 생활에 있어 심리적 억압의 양상을 드러내 보인다. 이렇게 자신을 도무지 믿지 못하는 아이는 좀처럼 친구를 사귀지 못한다.

그리고 자긍심이 크게 결여된 경우, 자살 혹은 자기 공격적인 행동 등 심각한 결과가 초래될 수도 있다. 이런 위험한 행동은 어린아이나 청소년 당사자가 생생한 고통을 겪고 있음을 증명한다. 따라서 심리적 혹은 사회 교육적 차원에서의 특수 치료가 필요하다.

다양한 이유로 인해 아이는 자긍심을 길러 나가는 데 곤란을 겪는다. 어쩌면 부모가 힘든 시기를 보내느라 아이에게 충분한 시간과 관심을 쏟을 수 없었기 때문에 아이가 어떤 결핍을 뼈저리게 느꼈을 수도 있다. 아니면 부모가 겪었던 난관들이 아이의 출생 당시 다시 머리를 쳐들었는지도……. 자긍심은 주로 아이의 출생을 포함해 생후 몇 년 안에 형성된다. 다행히 혹자의 주장과는 달리 모든 것이 6세 이전에 결정되는 것은 아니지만!

아주 어린 나이에 형성된 자긍심이 사적 영역에서 보통은 지속되게 마련이지만, 시간이 흐르며 변화를 겪는 것도 사실이다. 특별히 전(前)사춘기[9-12세의 시기]로의 이행이나 사회 생활 혹은 가정 생활에 큰 변화가 닥칠 때 그렇다. 그래서 부모가 이혼할 경우 아이는 이혼당한 쪽과 자신을 동일시함으로써 스스로에 대해 지녀 왔던 이미지를 격하시키게 된다. 진급 및 입학 역시 자긍심을 해치는 혼란을 초래할 수 있다.

그러므로 융통성 있는 방식으로 아이에게 꾸준한 도움을 주어야 한다. 특별한 경우가 아니라면, 어린아이가 자긍심을 훌륭히 키워 갈 수 있도록 적절한 태도를 유지하며 동반자가 되어 줄 수 있다. 혹 발생할지 모르는 일탈을 간파하고 바로잡아 나가면서 말이다. 거기에는 물론 여러 장애가 뒤따른다. 특히나 아이를 치켜세우다 보면 종종 교만해질 수도 있는 위험을 감수해야 한다.

자긍심을 키우는 데 있어 아이의 몸 역시 중요한 자리를 차지한다. 지적 성취나 인간 관계를 너무 강조하느라 몸의 중요성이 흔히 무시되곤 하지만, 아이에게 강한 자긍심을 심어 주기 위해서는 몸의 이미지를 결코 소홀히 할 수 없다. 아이가 스스로를 과소평가하거나 과대평가하지 않고 분별 있는 평가를 내릴 수 있도록 도와 주어야 한다. 자기 앞에 놓인, 지나치게 높거나 낮지 않은 장애물을 넘는 데 필요한 만큼의 의심을 갖도록 말이다.

I

자긍심을 발견하기

자긍심이란 무엇일까? 5세인 피에르는 "자기가 하고 싶은 걸 해내기에 알맞은 상태"라고 대답한다.

심리적 차원, 교육적 차원, 그리고 정신 운동 발달이 교차하면서 자긍심은 일찌감치 형성되지만 삶을 살아가는 내내 언제라도 수정될 수 있다. 그리고 연령과 우리의 생활 환경에 따라서도 달라진다. 오늘날 우리가 자주 듣는 말이 있다. 즉 성인들의 경우에도, 성공적인 삶을 살고 자신의 일에 만족하며 다른 사람들과 좋은 관계를 맺기 위해서는 스스로를 긍정적으로 바라볼 필요가 있다는 것이다. 그런데 여기서 잊지 말아야 할 점은, 이 자긍심이 생후 몇 년에 걸쳐 이미 자리잡는다는 사실이다.

1

자긍심은 어떻게 자라나는가?

자긍심은 물론 개성이 형성되고 나서 생겨난다. 자신에 대한 정체성이 형성되기도 전에 자긍심을 획득할 수는 없다. 그렇다고 자아가 독자적으로 형성된 다음 뒤늦게——8세라는 주장도 있다——추가적으로 자긍심이 생기는 것은 아니다. 다층 건물 맨 위층에 이 자긍심이 자리잡음으로써 건물이 완성되는 것은 아니라는 말이다. 자긍심은 우리가 자신에 대해 갖고 있는 견해를 드러내 보이는 어떤 새로운 감정이 아니다.

아이의 자아와 개성이 형성되어 가는 과정에서 자아에 대한 긍정적 혹은 부정적 평가가 늘 있게 마련이다. 정서적 차원에서 이루어지는 여러 경험 방식을 포함해서.

아이는 아주 어린 나이에 이미 자신과 자신의 정체성에 대한 어떤 관념을 갖는다. 흔히는 부모의 시선을 내면화시킴으로써, 또 가족사에 대해 들은 이야기를 바탕으로 자신이 사랑받는지, 원해지고 인정받는지 그렇지 않은지를 느끼는 것이다. 이른 시기부터 아이는 사람들이 그에게 원하는 바가 무언지 상상할 수 있다. 따라서 자신이 성장하는 환경에 적응하고 있는지 그렇지 못한지 감지한다. 이렇게 해서 나중에 아이가 더 자라고, 이윽고 성인이 되었을 때 갖게 될 자긍심의 기초가 형성된다.

개개인——그들은 저마다 다르지만——에게 어떤 의미를 지니는 이 중요한 개념은 여러 뉘앙스를 담고 있다. 그리고 어김없이 다음의 질문을 제기하게끔 한다. "나는 나에 대해 어떻게 생각하며, 어린 시절을 어떻게 통과했는가? 어떤 내면의 메시지들이 나와 관계되는가?"라는. 그러나 정신분석학은 이에 대해 입을 다물며, 단지 북아메리카 행동주의 심리학에서 이 개념을 광범위하게 사용할 따름이다. 아무튼 자긍심은 개인의 현실로서 우리에게 다가온다. 여러 행동의 종합으로 축소되지 않으며, 그 원천을 개인의 심층으로부터 끌어올리는 복합적인 요소를 지닌 현실로서. 나아가 자긍심이라는 이 개념은 우리의 정신 생활 및 우리가 자신의 몸에 대해 느끼는 다양한 차원의 종합에 대한 관심을 드러낸다. 그러므로 자긍심을 분석해 보면 우리의 행동 방식을 이해하는 데 상당한 도움을 받을 수 있다. 자긍심은 자아라는 정신적 구조물에 따라붙는 감정이다. 이 감정이 충분히 견고하며 역동성을 지녔는가? 그 대답은 우리가 자아에 대해 지닌 의견에 따라 달라질 것이다.

경험의 비중

아주 어린 나이부터 존재하고 기억 속에 축적되는 경험의 비중은 매우 크다. 특별히 성공의 개념이 이 자긍심을 기르는 데 한몫한다. 몇몇 영역에서 시도된 것들이 어떤 식으로 보상을 받았는지, 아니면 받지 못했는지에 따라 아주 어린 나이에 이미 자긍심의 향방이 결정된다. 어린아이가 첫걸음을 떼어 놓았을 때, 혹은 첫 단어를 말했을 때 우리는 칭찬해 주었는가? 좀더 자라서 처음으로 자전거를 탔을 때, 아니면 학교에서 공부를 잘했거나, 아니면 그보다 덜 눈에 띄는 어떤 과업을 성취했을 때 칭찬을 해주었던가?

타인들의 비중

주변 사람들, 특히 부모와의 관계를 통해 아이는 자신을 평가하게 된다. 이 사람들이 그에게 전달하는 메시지를 근거로 아이는 자기 평가서를 작성한다. 말은 물론 몸짓이나 태도 역시 아이가 스스로에 대해 품은 생각들을 부분적 혹은 전면적으로 강화하거나 무효화 시킬 수 있다. 그리고 발달의 어느 단계에 와 있으며 무엇을 체험하는가에 따라 어린아이는 어른들의 행동과 말을 이해하고 해석한다. 그리고 그것들을 기억한다.

안팎의 지속적인 교류

자아를 구축해 가는 아이는 외부 세계의 정보를 흡수하여 자신이 위치한 그곳에서 사적인 정신적 메커니즘에 따라 변화시킨다. (이 정보의 해석은 아이가 자신의 삶을 통해 아는 것과 밀접한 관계가 있다.) 그런 다음 아이는 인간 관계적·신체적 차원에서 자신의 역량에 대해 내린 평가 및 자기 자신에 대해 생각하는 바에 따라 외부와의 새로운 타협점들을 정립한다. 그는 주변 사람들의 반응을 새롭게 통합하며, 그때까지 실현 가능하다고 믿었던 것을 결정적 혹은 잠정적으로 변경하기도 한다.

자긍심은 3차원의 건물처럼 구축된다고 할 수 있다. 나, 타인들, 그리고 (개인적인 자아 실현의 문제를 두고) 이 타인들과 내가 교류하는 방식이다.

자긍심은 자신감과 매우 밀접한 관계를 갖는다. 자아 정립의 결과물인 자긍심의 구축은 앞서 보았듯이 여러 요인에 의존한다. 좋은 의미에서든 나쁜 의미에서든 자긍심의 구축을 돕기 위해 이 요인들은 언제라도 동원될 수 있다.

어린아이, 청소년, 그리고 물론 성인의 경우에 있어서도 자기 자신에 대해 갖게 되는 이 개념은 생활의 변화에 매우 민감하다. 그러므로 반드시 영구히 획득된 소여 사항이라고는 할 수 없다. 그것은 긍정적 혹은 부정적 방향으로 변할 수 있기 때문이다.

그렇다면 자긍심 형성에 있어서, 그것을 돕는 것과 위험에 빠뜨리는 것을 이해하도록 해주는 여러 등위를 구분할 필요가 있다.

기본적인 자긍심

자긍심은 자아의 확립과 매우 긴밀한 관련을 갖는 동시에 인성 구축의 무의식적인 과정에 크게 좌우된다. 이 자긍심은 또한 아이가 스스로를 다른 이들로부터 구별되는 개인으로 인식할 수 있게 된 순간, 즉 삶의 초기부터 일찌감치 자리잡는다. 어머니의 눈이라는 거울을 통해 아이는 자신이 언제나 유일무이한 존재이며, 가치 있는 존재로서 존중받는다는 사실을 확인하는 것이다. 이렇게 그는 주변 환경과 관련해, 또 거기서 그가 성장해 가는 방식에 의거해 스스로를 평가할 수 있게 된다. 최초의 인상들을 출발점으로 아이는 차츰 자신의 위상에 대한 의견을 형성한다. 이 의견은 아이가 자신에 대해 느끼는 총체적인 감정의 기반을 형성한다.

이 자긍심은 매우 총괄적이어서 때로는 객관화하기가 어렵다. 실제로 "나는 나 자신을 전반적으로 좋게 생각하는가?"라는 질문을 제기하기는 어렵다. 그렇긴 해도 이 막연한 감정은 이미 오래전부터 끈질기게 우리 각자의 내면 깊숙이 존재한다. 이 감정 및 우리가 우리 자신의 토대라고 느끼는 그 무엇은 총괄적 특성으로 인해 평가가 어려워지지만 말이다.

아무튼 이 자긍심을 묘사하기는 쉽지 않다. 지극히 감정적이며 대체적으로 무의식적인 이 감정은 의도적이든 아니든 우리가 취하는 다양한 태도를 통해 드러난다. 그것은 일종의 정서적 토양——풍요롭거나 빈약한——으로서, 여하한 상황을 막론하고 자아의 밑바탕에 깃들어 있다. 난관에 직면해 미리부터 패배를 인정하는 사람이 있는 반면, 또 다른 사람은 자신에 대한 신뢰를 잃지 않은 덕분에 좋은 해결책을 발견하기도 한다.

아이의 내면에 형성되는 자긍심은 아이의 향후 성장을 위해 매우 중요한 역할을 맡는다. 자신의 자질에 대한 신뢰 혹은 의심이 아이의 내면에 단단히 자리잡게 되는 것이다. 따라서 이 감정을 나중에 수정하기는 어렵다.

자긍심이 단단히 떠받쳐 줄 경우 아이는 어떤 어려운 상황에도 적응하게 된다. 갈등을 불러일으키는 사건이나 감정의 혼란을 야기하는 상황에 직면해서도 이 자긍심에 힘입어 거리를 유지하고 훌륭한 태도로 임할 수 있다. 반대로 기본적인 자긍심이 결여되었을 경우 아이는 연약한 존재가 되어 버린다. 따라서 실존적 난관에 부딪힐 때 자긍심의 도움을 받을 수 없으며, 오히려 자신이 가치 없는 존재라는 느낌만 더한층 강화될 따름이다. 어린 시절에 자긍심 형성을 위한 도움을 받지 못했을 경우, 이런 현실——예를 들면 애정 결핍 같은——을 인정하려면 자아에 대한 철저한 반성의 작업이 필요한 것도 이 때문이다.

아이가 좀더 성장했거나 청소년이 되었을 때에는 성장 과정에서 얻은 지식과 현실의 분석을 통해 보다 만족스런 제2의 자긍심을 획득할 수 있게 된다.

제2의 자긍심

아이가 현실 세계와 갖는 상호 작용과 보다 밀접히 관련된 이 자긍심은 여러 범주로 구분될 수 있다. 예를 들면 학습, 스포츠, 타인들과의 관계 등…….

아이의 내면에 자리잡는 제2의 자긍심은 "나는 좋은 아들인가, 나쁜 아들인가? 좋은 학생인가, 나쁜 학생인가?" 같은 유형의 질문으로 표출된다. 또 아이는 자신에게 운동 능력이 있는지, 아니면 몸동작이 서투른지 묻는다.

> 5세의 뤼시는 공부라면 매우 자신 있어 부모를 만족케 한다. 유치원 과정 마지막 학년을 앞두고 뤼시는 당당하게 말한다. "아무리 어려운 숙제라도 난 거뜬히 해치워요!" 실제로 선생님도 뤼시의 학업 성과에 흡족해한다.

학업에 있어서의 자긍심에 관한 한 이보다 더 나은 정의가 또 있을까? 예상치 못한, 혹은 해결이 어려운 문제에 직면해서조차 뤼시는 이 자긍심에 기대어 난관을 극복할 수 있다.

그런가 하면 성인의 경우, 자긍심은 종종 '복합적인' 상태를 포함할 수 있다. 예를 들면 직업적으로는 성공한 반면, 사랑하는 능력에 있어서는 실패했다는.

총제적인 삶의 질과 인성 구축에 있어서 이런 다양한 요소들——

아주 단편적이긴 해도——은 기본적인 자긍심과 마찬가지로 중요하다. 하지만 이 요소들은 한결 수정 가능한 것이기도 하다. 그것들에 다가가기가, 따라서 분명히 인식하기가 훨씬 쉽기 때문이다.

자질의 향상은 다른 영역의 자긍심에 긍정적인 효과를 미칠 수 있다. 그것들은 견고하게 구획지어진 것이 아니고 종종 서로 겹치기도 한다.

> "난 사람들을 쉽게 사귀고 또 친구도 많으니까, 언젠가는 내 삶의 동반자를 만나지 않겠어요?" 이것은 연인과 헤어진 다음 우울증에 빠져 심리 치료를 받은 뒤에 카롤린이 할 수 있었던 질문이다.

물론 삶에서는 만사가 그렇게 단순하고 기계적으로 진행되지 않는다. 그러나 이런 질문을 하는 자체만으로도 카롤린에겐 자신을 좀더 반성해 보는 기회가 되며, 심리적으로도 도움이 된다.

제2의 자긍심이 결여된 영역들을 알면, 나아가 기본적인 자긍심을 이해하고 재검토해 볼 수 있게 된다. 실제로 어떤 영역에서 부적격자로 느껴질 때마다 우리는 부지중에 이 기본적 자긍심을 되돌아보게 된다. 예를 들면 모든 상황을 고려하고 상대화하는 대신 하찮은 일에서 자기 자신을 완전히 문제삼게 될 수도 있는 것이다.

성인이 되어서 사랑받지 못한다는 감정을 갖는다면, 그건 어린 시절에 지녔던 애정 결핍의 느낌과 반드시 관계가 있다. 어린 시절 부모의 사랑을 차지할 수 없었다고 확신할 경우(사실이 그렇든 아니든), 스스로를 사랑스러운 존재로 생각하기가 어렵다. 그러나 이것을 깨닫고 사건들을 보다 객관적인 현실 속에 재배치한다면 이 과거의 상처(사실이든 상상이든)를 극복하는 데 도움이 된다. 제2의 자긍심은 예컨대 사회적·직업적 차원의 일부 영역에서 함양될 수 있다. 또한 기본적인 자아 의식의 결여를 메워 주는 한편, 자신에 대해 지닌 이미지를 끌어올린다. 그렇긴 해도 기본적인 안정감을 강화하기 위한 잇단 반성의 노력이 없다면, 이 이미지는 부서지기 쉬운 것으로 남는다. 따라서 일류 대학 출신의 회사 간부라 해도 잘못을 범하지도 않았는데 해고당했다면 우울증에 빠질 수 있다. 어린 시절 그가 자신에 대해 지녔던 견해가 부정적이었다면 말이다. 아이나 성인의 자긍심이 한 가지 차원에 모두 집중되어 있다면, 어떤 예기치 못한 이유로 이 영역에서 실패할 경우 개인 전체가 흔들릴 수도 있다.

15세의 아드리앵은 열악한 환경에서 힘든 어린 시절을 보냈다. 그는 자식을 제대로 키울 능력이 없는 미성숙한 어머니로부터 사랑을 받지 못한 채 냉랭한 분위기의 위탁 가정에 맡겨졌다. 그러나 10세에 벌써 건장하고 날렵한 몸을 갖게 된 그는 농구에 취미를 붙여 기량을 과시했으며, 급기야 지역 대표로 선발되었다. 덕분에 자신 안에 갇혀 있던 그가 말도 하고, 친구들을 사귀기 시작했다. 중학교에서는 학업 성적도 우수했다. 그런데 불행히도 오토바이 사고로 심하게 다리를 다쳐 수개월 동안 움직이지 못하고 심한 무력감에 사로잡히게 되었다. 그후 절름발이가 되어 그가 좋아하는 농구를 포기해야 한다는 사실을 알고는 자살을 기도했다. 농구 없이는 자신은 '아무것도 아니다'라는 내용의 유서를 남기고는. 하지만 가까스로 목숨을 구한 아드리앵은 병원에서 한 여성 심리학자의 심리 치료를 받게 되었다.

이 과정에서 그는 한 가지 사실에 주목했다. 즉 스포츠가 요구하는 고차원의 능력을 그가 모두 지니고 있었다면, 이 능력은 스포츠 훈련 이전에 이미 존재했었다는 것이다. 이 심리 치료를 통해 아드리앵은 자신의 능력을 객관적으로 볼 수 있게 되었다. 거기서 자신만의 가치 개념을 끌어내는 한편, 가능성과 핸디캡을 동시에 품은 현실에 직면해 어떻게 이 가치를 이용할 수 있을지를 알게 되었다.

그후 아드리앵은 여름 캠프에서 승마의 세계를 발견한다. 집중력과 인내심을 요구하는 스포츠맨의 자질은 그가 훌륭한 기수가 되는 데 도움이 되었다. 결국 그는 장애아들을 위한 승마 학교의 감독관이 되었다. 체험을 분석하고 받아들여 자긍심을 되찾게 된 덕분에 만사가 원만히 해결된 것이다.

사소한 장애에도 자신감을 잃곤 하는 일부 아동들의 경우에는 자긍심이 매우 불안정해 보인다. 반대로 어떤 아동들은 놀랄 만큼 끈질긴 자긍심을 드러낸다. 그래서 심한 타격을 입고 쓰러져도 늘 다시 일어선다. 이 아이들의 자긍심은 튼튼한 기반 위에 자리하며, 자신의 가치를 충분히 인식하는 아이들인지라 언제라도 다시 일어서서 시작할 수 있다.

2

아이의 좌절감을 어떻게 알 수 있을까?

어린 시절부터 자신에게 부여한 가치는 밝고 성숙한 인성 구축과 재능 함양에 중요한 역할을 한다. 제1의 자긍심이든 제2의 자긍심이든, 자신에 대해 충분히 높은 가치를 부여하지 않는 경우 이 결핍은 여러 다른 양상으로 표출된다. 그런데 여기서 우리가 주로 다루고자 하는 바는 기본적인 자긍심이 난관에 부딪힐 때 야기될 수 있는 결과들이다. 아이들에게서 가장 심각한 문제가 발생하는 경우는 바로 이 기본적인 자긍심이 결여되었을 때이다. 이 자긍심이야말로 보다 깊은 곳에 뿌리를 두고 있기 때문이다. 종종 목격하게 되는 사회적·정서적 차원의 부적절한 행동들이 이렇게 해서 설명된다. 거기서 야기되는 고통의 원인은 아이의 자아 개념에 깊이 뿌리내리고 있음을 우리는 종종 잊어버리지만 말이다.

그렇다면 아이에게 자긍심이 결여되었는지의 여부를 어떻게 알 수 있을까? 특히 너무 어린아이의 경우라면 말이다. 아이가 부모에게 와서 마음을 열지는 않을 것이다. 부모를 언짢게 할까봐 겁을 먹는다면 더더욱 그렇다. 이것은 자신이 충분히 가치 있는 존재임을 느끼지 못할 때 흔히 야기되는 결과이기도 하다. 이런 근본적인 의구심의 징후는 다양한 심리적 현상으로 표출되는데, 당사자가 갓난아이인지 아동인지 청소년인지에 따라 또한 달라진다.

"난 바보야"라고 말하며 계속 자신을 비하할 때

이런 태도는 종종 말로 표명된다. 얼마 안 되는 어휘로나마 아이가 자신의 생각을 말로 전할 수 있게 되었을 때——아주 어린 나이의 아이에게서조차——우리는 이런 태도를 목격한다.

3세의 알랑은 갓난아이 적부터 낮시간 동안 탁아소에 맡겨져 지내왔는데, 그곳에 있는 동안 거의 말을 하지 않는다.

그러나 어쩌다 게임이나 외출을 하게 될 경우가 닥치면 자신을 손가락으로 가리키며, "알랑…… 안 예뻐, 알랑…… 못해"라고 되뇐다. 마찬가지로 다른 아이가 그보다 게임에서 앞서거나 해도 같은 말을 되풀이한다. 그는 체조도 싫어하고, 그림을 그리려 하지도 않는다.

알랑의 어머니는 평상시 매우 바빠서 좀처럼 아들의 말에 귀 기울이려 하지 않는다. 알랑은 그래도 엄마가 자기를 데리러 오는 순간에는 탁아소에서의 침묵에서 벗어나 말을 하고 싶어하지만 말이다. 그러면 엄마의 대답은 언제나 "나중에 알게 될 거야"이다.

친구들을 사귀지도 못하고, 또 다른 아이들로부터 따돌림을 받기 시작한 알랑의 문제를 두고 면담을 한 결과, 우리는 이 "나중에 알게 될 거야"는 알랑이 집에서 늘 듣는 대답이라는 사실을 확인했다. 부모는 그 무엇에도, 누구에게도 시간을 내어 줄 수 없는 사람들이었다. "아이가 잘 자라기만 하면 되죠"라고 어머니는 말하지만……. 하지만 정말 아이가 잘 '자라고' 있는 걸까? 자신이 아무 관심도 끌지 못한다는 사실에 실망한 알랑은 자신에게서 새로운 재능을 발견하기를 점차 포기하고, 스스로를 쓸모없는 사람으로 여기게 되었다. 걸핏하면 내뱉는 "안 예뻐"라는 말도 그 때문이다.

무력감은 아주 어린 연령의 아동 내면에도 자리잡을 수 있으며, 생후 첫해부터 표출될 수도 있다. 어머니의 눈길에서 자신의 좋은 이미지를 보지 못할 때 어린아이는 식욕부진에 걸리기도 한다. 또 어머니가 아이를 품에 안을 때에도 아이는 자신이 있는 그대로 인정받는다는 느낌을 갖지 못한다. 실제로 젖먹이는 '무능력'하므로 어머니에게 실망을 안겨 줄 수도 있기 때문이다. 유착의 양상이 여전히 짙은 시기이므로 어머니가 느끼는 것은 아이에게 그대로 전달된다. 아이는 어머니의 생각을 내면화시켜 자기 비하의 느낌을 갖게 된다. 그러나 아직 말을 할 수 없으므로 이런 끈질긴 자기 비하감은 심리적 장애로 표출된다. 이렇게 해서 젖먹이들은 영양을 섭취하려고도 움직이려고도 하지 않으며, 대화를 거부하는 경직된 표정을 띠게 되는 것이다.

그러다가 아이는 자라나며 이런 자기 비하감을 좀더 쉽게 말로 표현하게 된다. 보모나 교사는 아이가 자긍심의 결여를 직설적으로 표현하는 모습을 쉽사리 마주친다.

하지만 이런 자기 비하의 표현이 거의 항시적이거나 아이의 삶 전반에 걸쳐 영향을 미칠 때에만 우려할 필요가 있다. 이때 아이는 실제로 자긍심의 결여를 드러내는 것이니까. 요컨대 자기 비하적 표현의 일시적 폭발을 심각한 위기로 받아들여서는 안 된다.

> 7세의 엘리즈는 화가 나 어쩔 줄 모르며 자기 방으로 달려갔다. '장난을 치다가' 일부러 샴푸 용기의 내용물을 욕조에 모두 비워버렸고, 그 때문에 엄마가 엘리즈의 저금통에서 5프랑을 꺼내 갔기 때문이다. 엄마는 엘리즈에게 집안일을 한 가지 거들면 이 돈을 다시 주겠다고 했다.
>
> 하지만 엘리즈는 "아무튼, 난 쓸모없는 사람이야!"라고 소리쳤다.
>
> 이 경우에 작용한 것은 죄의식이다. 엘리즈는 자신이 잘못했음을 알고 있으며, 그런 자신을 비난하는 것이다.
>
> 그러나 이같은 감정의 동요는 처음 있는 일이었고, 다시 그런 일이 발생하지는 않았다.
>
> 엘리즈는 자긍심의 결여와 관련된 문제를 안고 있지 않다. 그저 자신의 잘못을 확인하고 '보상해야' 한다는 사실에 화가 났을 따름이다.

자긍심의 결여를 의미하는 자기 비하는 흔히 냉정한 상태에서 표출된다. 이때 아이는 거의 체념에 가까운 조용한 낙담을 드러내는 것이다. 어떤 일을 해낼 수 없다는 사실 앞에서 느끼는 분노는 또 다른 문제이다. 심각하게 여겨져야 할 것은, 자신은 무가치하다는 피할 수 없는 경직된 감정이다. 자신을 비하하는 아이는 보다 잘하려고 고심하지 않는다. 그럴 능력이 있다고 생각하지 않기 때문이다.

> "어쨌거나, 난 바보예요"라고, 11세의 플로라는 차분한 어조로 자신의 심리치료사에게 말한다. "아빠는 제 성적이 형편없다고 하시는데, 아빠 말이 옳아요. 나도 내가 바보라는 걸 알아요. 언제나 그랬거든요."

아버지의 반응 앞에서 분개할 줄 모르는 플로라가 문제가 있는 것이다. (사실 플로라의 성적은 수학을 제외하곤 대부분 중간이었으니까, 아버지의 말은 지나친 데가 있다.) 자신의 '무가치함'을 즉시 인정한다는 사실에서, 우리는 플로라가 스스로를 어떻게 생각하는지에 대해 많은 것을 알 수 있다. 자긍심이 결여되었을 경우, 일시적인 실패나 낮은 성적이 이처럼 지속적인 무기력으로 이어질 수 있다.

■ 말의 충격

시선은 매우 중요하며, 특별히 부모의 시선이 그렇다. 거기에는 흔히 말이 따라붙게 마련인데, 말은 진정 단두대의 날이 될 수도 있다. 부모의 말이 끊임없이 아이를 비하하고 부족한 점을 강조할 경우, 아주 파괴적인 결과를 초래할 수도 있다. 화가 치밀어 아이에게 상처 주는 말을 내뱉는 일은 어느 가정에서나 일어날 수 있다. 그러나 아이에게 "넌 아무짝에도 쓸모없어" "넌 구제불능이야"라는 말을 아무 때고 수시로 내뱉는다면, 아이는 이 말을 내면화시켜 실제로 그렇게 되고 말 것이다. 이 말에 저항하려면 아이가 특별히 강한 성격이거나 정서적 독립을 획득하고 있어야 한다.

이런 말은 강조되다 보면 아이 속에 주입되어 영향을 미치고 만다. 아무짝에도 쓸모없다거나 성가시게 군다는 말을 늘 들어야 하는 아이는 실제로 그렇게 될 수 있다. 아이의 삶에서 준거로 작용하는 어른들에 의해 어떤 이미지가 제시될 때 아이는 보다 쉽사리 자신을 이 이미지와 동일시하기 때문이다. 이때 아이는 자책감을 갖게 된다. 그가 아무짝에도 쓸모가 없다면 그건 그의 잘못일 테니까. 이런 말을 부모나 교사처럼 권위 있는 인물에게서 듣게 될 경우 더더욱 그렇다. 아이에게 영향력을 미칠 수 있는 인물의 말은 동년배나 형제의 말보다 더 큰 위력을 발휘한다.

■ 말하는 침묵

아이에게 직접 부정적인 말을 건네지 않을지라도 집이나 학교에서 어른들이 다른 아이를 칭찬할 경우 아이는 강한 자기 비하감을 느낄 수 있다.

> 앞서 언급한 대로 플로라는 집에서 "아무짝에도 쓸모없다"라는 말을 자주 듣는데, 이 말이 부추긴 결과는 부모의 어떤 행동으로 인해 더한층 강화되었다. 즉 플로라의 남동생이 모든 면에서 부모

로부터 지나친 인정을 받는다는 것이다. 남동생은 특별히 못하는 게 없으며, 학교에서도 모범생으로서 칭찬받고 있음이 사실이지만.

흔히는 현실적인 문제들이 부모나 교사의 말을 뒷받침하고 증명한다. 이런 현실 앞에서 아이는 "넌 바보야"라는 식의 반응에 들어맞는 행동을 무의식적으로 하게 된다. 어쨌거나 자신의 정체성이 되어 버린 이러한 나쁜 이미지를 제거하기 위해 최소한 노력은 한다. 그러나 늘 서툴다는 소리를 듣는 아이는 실제로 서툰 동작을 보임으로써 자신에게 붙어다니는 이 이미지에 부합하게 된다. 누군가의 비교 대상이 되는 것도 파괴적인 결과를 낳는다. 교사가 학습 동기 유발을 위해 자신이 편애하는 우등생을 모범으로 내세울 때 이것은 학생들에게 굴욕으로 작용할 수 있다. 학업 성적이 좋지 못한 얼마나 많은 아이들이 그로 인해 안정감을 잃게 되는 것일까? 이것은 우등생 자신조차 견디기 힘든 상황에 처하게 만들 수 있다. 특별히 사회 생활이나 교우 관계에서 그의 이미지가 나빴다면 말이다. "난 학교에서 성적은 좋을지 몰라도, 다른 아이들이 날 피하는 걸 보면 좋은 사람이 아닐 거야"라고 생각할 수도 있는 것이다. 또 어떤 결과들이 연이어 초래될 것인가!

무력감

자긍심 결여의 또 다른 변수인 무력감은 일찌감치 자리를 잡고,

아이의 잇단 발달 단계에서 다양한 양태로 발전할 수 있다. 부모의 눈길 속에서 어떤 관심도 지지도 느끼지 못하는 경우 발견과 행동에 나서기를 쉽사리 포기하게 된다. 그래서 "난 못해, 난 할 수 없어. 사람들이 내 능력을 믿는다고 느낄 수 없으니까"라고 말하는 아이는 발달에 족쇄가 채워져, 심지어 지진아가 될 수도 있다. 우리는 종종 탁아소에서 정신 운동 둔화로 고통받는 아이들을 본다. 보모들의 책임하에 있는 아이들의 수가 많다 보니, 때로 아이들은 개인적으로 사랑받고 있다는 느낌을 가질 수 없게 된다. 그래서 밝고 티 없이 자라는 데 필요한 자기애, 즉 나르시시즘이 이 아이들에게 결핍된다. 부모로부터 가치를 인정받고 사랑받는다고 느낄 때에만 우리는 자신을 사랑할 수 있는 것이다. 우리가 지닌 능력들을 발전시키기 위해 우리는 모두 누군가의 아이임을 느낄 필요가 있었다. 아주 어린아이의 경우, 자아감과 소위 말하는 자긍심은 주로 몸의 체험을 통해 이루어진다. 앞서 말했듯이, 아이는 엄마의 시선과 애무를 받을 필요가 있다. 엄마 품에 안겨 충분히 인정받고 사랑받아야 하는데, 그렇지 못할 경우에 아이는 자기 자신과 자신의 가치에 대한 믿음을 갖기가 어려워진다. 아이가 가정에서 자랐는지, 아니면 보모나 탁아소에 맡겨져 자랐는지에 상관없이 말이다. 자아 구축의 한 메커니즘에 있어 실패할 경우, 즉 자기 평가에서 좌절을 맛볼 때 아이는 자긍심의 결핍을 겪는다. 그리하여 실제로 심리적 장애 현상을 드러내며, 주로 신체적 차원에서 '족쇄가 채워지는' 느낌을 받을 수 있다. 예컨대 장난감을 집어들고 체험해 보기 위한 자신감을 가질 수 없으며, 감히 자리를 옮기려고도 하지 않고, 굼뜨고 우유부

단하고 자기 확신이 없는 아이로 보이게 된다.

그건 건강의 문제일까?

충분히 좋은 자아감을 갖지 못해 행동 장애를 보이는 이 아이들은 종종 부모나 교사·의사들을 당황하게 만든다. 때로 그들은 아이의 행동이나 정서적 측면은 제쳐두고 신체적 건강의 문제를 의심해 본

다. 실명이나 시력 감퇴는 아닐까, 뇌 손상이나 비정상적인 유전 인
자 때문은 아닐까 생각한다. 그러면서 정작 아이가 앓고 있는 진짜
병에는 잠시도 생각이 미치지 못하는 게 사실이다. 이런저런 증세로
미루어 어떤 병이라는 의심이 들 경우 몇 가지 검사를 제안받기도
하지만.

그렇다면 행동 장애를 겪는 이 문제의 아동을 앞에 두고 무어라
말할 수 있을까? 아이가 장님도 귀머거리도 아니요, 염색체에 결함
이 있는 것도 아니라면! 다행히 그건 흔한 일도 아니다…….

이것은 2세인 클레르의 이야기이기도 하다. 탁아소에서 우리가
클레르를 처음 보았을 때 담당자들은 몹시 우려하고 있었다. 혼자
떨어져 노는 클레르는 지각 활동에 관심을 보이지 않았고, 동작이
서툴렀다. 말도 하지 않고, 웅얼대는 일조차 없었다.

나는 처음에 아이가 청각 장애를 앓고 있다고 들었다. 그런데 방
에 단둘이 남게 되자 클레르는 나와 함께 놀며, 내 말을 듣지 않고
는 할 수 없는 행동들을 완수해 내었다. 요컨대 심한 청각 장애를
앓고 있는 게 아니었다.

클레르는 물을 제대로 따르지도, 다른 사람을 똑바로 바라보지
도 못했지만, 그렇다고 아이가 청각 장애가 있다는 증거는 찾지
못했다. 가벼운 근시 증세를 보이긴 했어도, 그것이 전부였다.

한편 둘이 있을 때에는 명령을 이해하는 데에도 문제가 없어, 이
해한 바를 모두 수행한다는 사실을 확인했다.

집단 속에서, 심지어 나와 단둘이 있을 때조차 클레르는 말을 하

지 않았지만, 그래도 애초에 예상했던 것만큼 심각한 상태는 아니었다.

우리는 신체적인 원인에 대한 의심을 모두 제거하게 되었다. 그리고 분석 결과 클레르가 아마도 무력감에서 오는 심한 불안정 상태에 있다는 사실이 드러났다. 이 무력감 때문에 클레르는 자신만만한 다른 아이들과 비교되지 않기 위해 스스로를 격리시키는 한편, 습득과 관련된 모든 것에서 물러서게 된 것이다. 몹시 걱정이 되었던 어머니는 원인을 묻기 시작했고(한 보모는 클레르를 '지진아'로 단정지었다), 딸이 집에서는 그래도 말을 좀 한다는 사실을 우리에게 알려 왔다.

이듬해 클레르는 어렵게나마 흥미로운 진전을 보였다……. 마침내 다른 아이들과 어울릴 수 있게 된 것이다. 누가 귀찮게 굴면 밀어내거나 때리는 아주 공격적인 태도를 취했지만, 사실 그것은 나름대로 타인과의 의사소통을 받아들이는 방식이었다. 동시에 언어 습관도 바뀌어 갔고, 더 이상 누굴 물지도 않게 되었다. 자긍심이 완전히 결여되어 있었던 클레르는 공동 생활에서 자신의 그런 상태를 제어할 수 없었는데 말이다.

이런 무력감은 가족사와 무관하지 않았다. 아버지는 아이를 갖고 싶어하지 않았던 반면, 어머니는 과잉보호적인 태도를 취했던 것이다. 클레르의 심리적 장애와 무력감이 극복된 것은 아니다. 그래도 아이는 당장엔 공격적인 양상을 띠고 있지만 한 가지씩 습득해 나가기 시작했고, 타인들과도 함께 지내는 법을 배우고 있다.

아이가 '큰 한계'를 지니지는 않는지 묻게 될 때

일부 아이들의 경우에는 무력감의 골이 상당히 깊을 수도 있다. 이런 아이들은 운동뿐 아니라 이해의 차원에서도 심리적 장애에 처해 있다는 인상을 준다. 이들은 자신들이 무언가를 깊이 생각할 수 있다는 느낌을 갖지 못한다. 여기서 문제가 되는 것은 스스로에 대한 그들의 견해이다.

아주 어린아이들을 두고도 우리는 아이가 '한계'를 지닌다고 성급히 단정짓는다. 실제로 그들은 '한계'를 지니지만, 그렇다고 이 말이 내포하는 바처럼 지적으로 무능한 것은 아니다.

무언가를 이해하고 실천에 옮기는 능력이 없다고 간주될수록, 또 자긍심이 약할수록 이 아이들은 사람들의 생각대로 무능력한 상태에 고착될 것이다. 집에서나 학교에서 어른들이 이들에게 제안하는 바가 점점 줄어든다면 더욱 그렇다.

"그 아인 이 게임을 절대로 할 수 없을 거야." "그 아인 도서관에 취미가 없어. 그저 책이나 찢을 테지." "그 아이한테 너무 많은 걸 요구해선 안 돼." 어린아이라도 이 모든 말을 듣고 완벽히 이해한다. 아이가 자신의 가치를 어느 정도 느낀다면, 또 아이의 심리적 장애가 저항의 욕구를 증명하는 것이라면, 사람들의 생각대로 되지 않을 수도 있다. 반대로 아이가 스스로에 대한 확신도 강한 정체성도 느끼지 못한 채 자긍심이 결여되어 있다면, 아이는 어른들이 바라는 대로 따라갈 수밖에 없고 자신에게 붙은 꼬리표대로 살아갈 것이다.

> 2세의 조르당은 상담시에 불안한 태도를 보인다. 한곳만 뚫어져
> 라 바라보는 이 아이는 놀이를 할 줄 모르고 침까지 흘린다.
> 　어머니는 아들에 대해 보모에게서 들은 바대로 아주 비관적인
> 생각을 털어놓는다. 보모는 "아이가 언제 보아도 아주 뒤처진다"
> 라고 말한 것이다. 어머니는 아이에게 뇌 검사와 유전자 검사까지
> 받도록 했지만, 결과는 정상이었다. 생각다 못한 어머니는 심리 상
> 담을 결심했다.
> 　수차례에 걸쳐 상담이 진행되면서 조르당의 표정은 밝아졌으며,
> 다른 사람을 똑바로 바라볼 수도 있게 되었다. 그리고 심리치료사
> 의 상냥한 눈길이 아이의 마음속에 새겨졌다.

아이가 심리적 장애를 겪을 때, 흔히 부모의 자기애는 상처를 입
지만 심리치료사는 그렇지 않다. 심리치료사는 부모보다 좀더 쉽게
조르당과 거리를 유지할 수 있으므로, 아이가 자아를 구축해 나가도
록 도움을 준다. 또 행동과 습득에 필요한 좋은 자기 이미지를 갖도
록 도울 수 있다. 우선 신체적 영역에서, 그리고 언어를 비롯해 1년
뒤에는 총체적 차원에서 긍정적인 자기 이미지가 구축된다.
그리고 '지진아'를 낳았다고 확신하는 부모에게, 병행하여 심리
치료 과정을 밟으라는 제안이 주어졌다.

3

어떻게 아이는 세상에서 자리잡는가?

삶의 첫 시기부터 갓난아이는 외부 현실과 타협해야 한다. 꼭 유쾌하지만은 않게 이 세상에 던져진 아이는 일부 전문가들에 따르면 '탄생의 정신적 외상'을 입는다. 아이가 이 외상을 의식적으로 기억하는 것은 아니지만 그것은 아이의 내면 어딘가에, 특별히 '신체적 기억' 속에 각인되어 남는다.

그렇다면 이 외부 현실이란 무엇인가? 그것을 어떻게 정의 내릴 수 있을까? 거기에는 객관성과 주관성이 얼마만큼 불가피하게 섞여 들어가는가?

아이에게 현실은 무엇을 의미하는가?

삶의 첫 시기에 아이는 자기 방어 혹은 이해 능력의 부족으로 자신과 외부 세계 간의 차이를 인식하지 못한다. 아이는 얼마간 일종의 미분화 상태에서 지낸다.

잇달아 어머니와의 관계를 통해, 즉 어머니가 자신과는 별개의 존재임을 차츰 의식하면서——특히 좌절을 경험할 때——아이는 외부 세계가 존재한다는 사실을 점차 이해한다. 거기 개입할 수 있는 가능성을 지닌 채 자신이 이 세계에 살며 이 세계와 화해해야 한다는 사실을 이해하는 것이다.

갓난아이, 그리고 어린아이가 이 외부 세계에 대해 취할 수 있는 행동 가능성은 상당 부분 아이의 자아 개념에 달려 있다. 앞서 말했듯이 자긍심은 여러 메커니즘에 따라 구축되며, 또한 이 외부 현실에 대한 태도의 결과물이기도 하다. 그런데 어린아이와 세계 간에 첫 관계가 구축되는 데에는 어머니의 위치가 매우 중요하다. 첫 수주 동안 지속되는 갓난아이의 미분화 상태 이후 어머니와 아이 사이에는 공생 관계가 수개월간 지속된다. 아이의 출생 이후 어머니가 아이를 계속 '세상에 내어 놓는' 방식에 따라 나중에 아이가 어떻게 외부 현실과 관계할지가 결정된다.

아이가 세상에 처해서 현실을 배워 나가도록 어머니가 돕는 방식은, 분명 그녀 자신이 어머니와의 관계에서 인지했던 바에 달려 있다. 어머니가 자아를 구축한 방식과 그에 따른 자긍심은, 아이를 위해 매개하게 될 외부 세계와의 관계를 아주 분명하게 물들이게 된다.

외부 현실이란 것이 아무리 지각 가능한 것이라고 해도——사실들은 존재하니까——우리는 주로 보고 생각하는 바에 따라, 또 정착된 지적 구조나 정서적 반응에 의해 이 현실을 상상한다. 그러므로 직장에서 똑같은 난관에 부딪쳐도 어떤 사람에게는 그것이 해결 가능한 것으로 보이는 반면, 또 다른 사람에게는 넘을 수 없는 장애물이 된다. 또 고용주에게 질책을 들었을 때에도 어떤 사람은 배척당한다는 느낌을 받는 한편, 또 다른 사람은 그것을 경청하고 상대화시키며, 또 쓸모 있다고 판단되면 자신의 태도나 행동을 고쳐 나간다.

아주 어린 나이에 이미 아이의 주관은 세상에 대한 어머니의 태도로부터 직접적인 영향을 받는다. 어머니와의 유착 상태가 보다 덜할 경우에는 아버지나 친지의 영향을 받기도 한다.

언어로 표현된 세계

아이는 외부 현실을 감지하기 시작한다. 그리고 세계와의 관계를 통해 경험한 바들로부터 여러 느낌을 끌어내게 된다. 아이는 이것들을 내면화하고, 자기가 느끼는 것을 통해 자신에게 무엇이 좋은지 나쁜지에 대한 개념을 형성한다. 그러나 자신의 외부에서 일어나는 일들의 표상을 구축하기 위하여 어린아이는 사물과 행위 및 자신의 감정에 언어를 부여할 필요가 있다.

아이를 언어의 세계에 자리잡도록 하는 것은 타인의 말들이다. 아이에게 주변에서 일어나는 일을 말해 주는 것이 아이가——아주 어린 나이라 할지라도——주변 세계를 이해하는 데 몹시 중요한 이유도 여기에 있다.

이 언어, 그리고 타인과 세상을 만남으로써 얻어지는 느낌들 및 거기서 솟구치는 감정들이 아이의 자아를 형성한다. 아이가 외부 세계를 인지하게 됨에 따라서.

나와 타인들, 미묘한 대립

자아를 구축해 나감에 있어서 아이는 자신만의 내면적 방식 외에도 어머니가 그에게 보여 주는 방식에 따라 세상을 경험한다. 처음에 아이는 이 세계를 완전한 무엇으로 보려고 하지만 곧 '바람직한' 상대성 속으로 떨어진다. 어머니가 아이의 모든 필요를 충족시키고 아이의 욕구에 응답하기가 불가능하기 때문이다.

아이는 욕구의 충족을 필요로 하지만 어머니――과오를 범할 수도 있는――가 알맞게 대처할 수 없다는 현실, 이같은 괴리를 내면화하면서 아이의 자아가 형성되고 작동할 수 있게 된다.

그런데 이 자아가 현실의 환경 및 부모 자신의 행동이나 욕구에 지나치게 좌우되면 진정한 자아에 대해 말할 수 없게 된다. 자아는 충분히 '개인적'이지도, 튼튼한 기반을 갖지도 못한다. 아이의 개성이 형성되는 데 있어 부모의 말과 태도가 아이 자신의 느낌과 감정보다 더 큰 중요성을 차지한다. 그렇게 되면 자아는 아이의 충동과 감정이 아니라 환경의 요구에 들어맞게 인위적으로 구축된다. 이 자아는 아이의 개성의 핵심을 이루면서도 아이에게 다소 낯선 무엇으로 남게 된다.

아이가 이른바 '거짓 자기'나 '거짓 자아'로 형성될 경우, 아이의 자긍심은 매우 피상적이 될 수 있고, 따라서 새로운 환경이나 향후의 감정들에 적응하기가 어려워진다. 열등감과 자만심 사이를 오가는 일부 사람들도 이렇게 볼 때 이해가 된다. 이 사람들은 이런 유의 자기 이미지를 가진 것이다. 그것은 '거짓 자기'로부터 형성되었기에 그릇된 것일 수밖에 없다. 자기 아미지가 흐릴 경우, 객관적인 현실과 괴리된 방어적인 자세를 취하게 된다. 요컨대 외부 현실은 위협적인 장소로 비치므로 이 현실을 경계하고 스스로를 방어해야 하는 것이다. 주변 세계에 투사된 이미지가 부정적이면 아이는 올바른 태도로 그 속에 뛰어들 수 없게 된다. 그런데 그 자신 역시 나쁘게 보이는 이 현실의 일부이므로, 자기 자신 역시 부정적으로 인식된다. 이런 아이는 개성의 기초가 불분명하고 끊임없이 환경에 좌우되어, 자신의 선함과 가능성을 느낄 만한 진정한 기회를 갖지 못한다.

4

———

좌절의 가능성

대부분의 사람들이 생각하는 것과는 달리 아이도 좌절할 수 있다. 그러나 좌절감이 늘 분명히 표출되는 것은 아니다. 때론 부적절한 공격성 뒤에 좌절감이 숨어 있기도 한다.

아이는 간추려 말할 수 없는 온갖 이유로 낙담한다. 자긍심의 결여로 인해 어린아이와 청소년은 좌절감을 느낄 수 있는데, 그 원천은 허술한 자아 구조에서 찾아진다. 어떤 불만 혹은 큰 충격과 같은 정신적 외상의 경험 역시 좌절로 이어질 수 있다.

자아에 대한 과소평가로부터 좌절감으로

앞서도 보았듯이, 자긍심의 결여는 흔히 무력감이나 자기 경시로부터 생긴다. 또한 주로 주변 사람들의 요구에 따라 자아가 구축됨에서 비롯된다. 부모든 교사든, 이 타인들이 기대하는 바가 인격의 발달을 결정짓는 것이다.

아이나 청소년의 경우, 자긍심 결여와 좌절감의 상관 관계는 종종 복합적이다. 좌절감이 자긍심 결여를 야기하는 것일까? 아니면 반대로 아주 어린 나이부터 자아에 대한 부정적인 견해를 가짐으로써 나중에 좌절감이 야기되는 것일까? 두 가지 상황 모두 가능하기에 단정지어 대답하기는 어렵다.

자긍심이 결여되지 않은 아이라 해도 좌절감을 드러낼 수 있다. 그러므로 삶의 중대한 사건으로부터 초래된 좌절감은 과소평가된 자아의 이미지와는 별 관계가 없다.

그러나 좌절감을 유발하는 여러 요인에 직면했을 때 자긍심이 약한 아이들은 더 쉽게 좌절감에 빠질 위험이 있다.

크리스토프와 알렉상드르는 모두 10세이며, **CM2** 학급에 있다. 그러나 상급 학년에서 공부할 수준이 안 된다고 판단되어 낙제를 통보받았다. 게다가 크리스토프는 품행이 단정치 못하고, 반에서 '보스' 노릇까지 하려 든다. 아무튼 통보를 받은 두 아이는 상반된 반응을 보였다.

알렉상드르는 처음에 아주 자존심이 상했으며, 자신감도 좀 잃었다. 성적이 오르지 않았기 때문인데, 이유는 알고 있었다. 수영에 마음이 빼앗겨 많은 시간을 수영장에서 보냈으며, 숙제는 건성으로 해치우곤 했던 것이다. 하지만 그는 지역 '챔피언' 클럽에서 선발될 것이 틀림없었고, 12월생인지라 같은 반 친구들에 비해 어린 편이었다. 부모 역시 이 낙제는 달가워하지 않았지만, 그래도 수영을 아주 중시했다. (친척 중에는 올림픽에 수영 선수로 출전했던 숙모도 있었다.) 따라서 낙제는 일종의 필요악으로 받아들여졌고, 그때까지 대충 이해하고 넘어간 것들을 소화하여 상급 학년으로 당당히 올라가기 위한 기회로 자리매김되었다.

면담시에 알렉상드르는 지난 학년에 출발이 나빴다는 사실을 인정했다. 친구들은 모두 중학교 과정에 진급했는데, 자신은 '꼬마들'과 남게 되었으니 말이다. 그렇다고 자존심의 상처가 오래 가지는 않았으며, 그는 새 교사의 지도를 받으며 주어진 한 해를 충실히 보냈다.

반대로 크리스토프는 낙제 통보를 받고 자기애에 견디기 힘든 상처를 입었다. 다른 사람들에게서 인정받으려면 '담대하고' 당당하면 된다는 믿음으로 전진했던 그는 자신의 결점을 보지 못하면서 어찌 보면 현실을 거부해 온 것이다. 직장 생활로 몹시 바빴던 부모가 아들에게 세심한 주의를 기울일 수 없었음에도 불구하고, 크리스토프는 어느 정도 자신에 대한 가치 의식을 지닌 듯이 보여왔었다. 그러나 그는 '거짓' 자긍심에 기대고 있었고, 낙제를 당한 순간 이 사실이 드러난 것이다.

그는 학교에서 난폭해졌고, 더 이상 그 무엇도 배우려고 하지 않았다. 학년 초는 최악이어서 학교에서 제안하는 심리 치료를 받았다. 그후 크리스토프는 차츰 만족할 만한 자신의 이미지를 구축해 나갔다. 학생으로서의 자아와 어린아이로서의 자아, 둘 중 하나가 다른 하나로 귀착되는 일 없이 뚜렷이 구별되도록 했다. 그의 경우 좌절의 첫 양상은 공격성과 거부의 태도였다. 자긍심의 결여가 개인적인 '상처' ——교사들을 통해 확인된 자신의 실패——에 저항할 수 없었던 것이다.

청소년기, 의심의 시기

청소년기는 흔히 자아에 대해 불만을 갖는 시기이다. 그때까지 비교적 자신만만한 생활을 했고 성적도 만족스러웠던 아이가 자신을 의심하고 무능의 증거를 나열하는가 하면——"너도 알다시피, 난 할 수 없어······"——그의 말을 경청하려는 사람에게 자신은 바보라고 말하기 시작한다.

이같은 불안의 표출은 종종 타인의 눈에 비치는 자기 자신에 대해 안심하기 위한 요구이다. 그럼에도 불구하고 무력감이 더한층 뼈저리게 느껴진다.

청소년은 자신의 자리를 찾는 데 어려움을 겪는다. 너무 자랐지만 충분히 자라지는 못했고, 너무 어리지만 충분히 어리지는 않은 상태에서 자신의 독자성을 찾기가 어려운 것이다. 그가 이미 경험한 바 있는 자기 경시가 지속된다. 이처럼 청소년기는 현실 세계에서 제기되는 한계의 문제를 저마다 체험하는 힘든 시기이다. 현실에서는 아직 그가 할 수 없는 수많은 영역이 당연히 존재하는데, 이에 대해 그는 스스로를 '무능력' 하다고 생각한다. 한편으로는 '정상적' 인 것과 외부로부터 가해진 한계들을, 그리고 다른 한편으로는 개인적으로 실현 불가능한 것과 그 자신만 할 수 없는 것이 있는데, 그가 이 둘을 늘 구별할 수 있는 것은 아니다. 점점 더 강하게 다가

오는 외부 현실에 직면해, 분노와 실망이 지배하는 이 시기 동안 그의 마음속에는 의심이 싹튼다. 이 의심은 쉽사리 자신감 결여로 바뀌며 좌절의 형태를 취할 수 있다.

청소년기에 이르러서야 좌절을 겪는 것은 아니다

청소년기 이전에도 자긍심의 결여가 좌절로 바뀌거나 좌절과 뒤섞일 수 있다. 가치를 손상하는 말들이 수반된 불쾌한 경험이 축적될 때 아이는 곧장 의기소침한 상태나 좌절감에 빠질 수 있다.

아주 어릴 적부터 아이가 아무짝에도 쓸모없고, 주변 사람들을 귀찮게 만들고, 바보짓만 하고, 멍청한 일은 앞장서서 한다는 말을 듣는다고 하자. 또 "집중력이 전혀 없고, 도무지 논리적으로 생각할 줄 모른다"고 꾸짖는 부모의 말을 성적표가 증명해 준다고 하자. 그러면 아이는 자기를 두고 사람들이 하는 말을 그대로 받아들이고 부동의 사실로 여기게 된다.

"노력하는 듯싶어도 소용이 없다"라든지, "이 상태로 가면 아이가 정상적인 학업을 계속하기는 어렵겠다" 등의 말은 무능력을 단정짓는 말처럼 들린다. 용기를 꺾는 이런 말들이 가정에서 상쇄되지 않는다면, 마침내 결정적인 좌절의 원인이 되어 물리치기가 어려워질 것이다.

좌절은 겉으로 드러난다

자긍심 결핍으로 인한 어린아이나 청소년의 좌절은 쉽게 구별된다. 다른 좌절들과 성격이 똑같지 않기 때문이다. 또한 정신·신체적인 증상——영양 장애나 수면 장애——을 종종 수반하며, 간혹 자살의 가능성이 아이의 입에서 발설되기도 한다.

이런 아이에게서는 깊은 슬픔이 느껴진다. 잠시 즐거워하는 듯해도 진심으로 기뻐하는 일이 없고, 늘상 거부의 자세를 취한다. 그런가 하면 끊임없이 공격성을 드러내는데, 그것은 늘 그렇듯이 불안감이나 욕구의 표출로 이해되어야 한다. 아이가 우연히 공격성을 띠는 것은 아니기 때문이다. 이 모든 증상 이면에는 종종 심각한 자긍심 결여가 도사리고 있다. 물론 그것만으로 좌절의 상황이 설명되지는 않지만 말이다.

반대로 진정한 자긍심——특히 기본적인 자긍심——을 지닌 아이는 좌절감에 빠질 위험이 훨씬 적다. 요컨대 살아가며 어떤 난관에 부딪치더라도 이 자긍심이 내부에 자리잡고 있으면 그 힘으로 다시 일어서게 된다. 그것은 자연 발생적인 강장제이다. 삶의 한 단계에서 다음 단계로 넘어갈 때, 혹은 정서적 차원에서 변화나 실망을 경험할 때 좌절의 순간이 닥치더라도 그것은 일시적인 위기일 뿐 그를 무력하게 만들지는 못한다. 자신에 대한 강한 신뢰가 이 난관들을 극복할 수 있도록 해준다.

5

거짓된 자긍심

겉모습만 보고 판단해서는 안 된다! 자긍심이 넘쳐나는 모습이더라도 그대로 믿어서는 안 된다는 말이다. 실제로 이처럼 분명한 외관 밑에 전혀 다른 얼굴, 즉 무력감이 숨어 있을 수도 있으니까. 일부 아이들이 지나친 자족감을 보이거나, 늘 앞에 나서며 자신의 능력을 증명해 보이려 한다면 그건 어떤 불안감의 표출일 수도 있다.

이런 아이들은 실제로 자신을 의심하기 때문에 무슨 수를 써서라도 안심코자 하는 것이다. 자아가 튼튼히 구축되지 못한 상태에서 그들의 존재감은 전적으로 타인의 시선에 의존한다. 진정한 자긍심이 결여된 아이는 타인의 감탄으로 자긍심을 살찌우려 하며, 항상 타인의 이목을 끌고자 한다. 그러나 자신의 지적 · 정서적 능력이 늘 따라 주는 것은 아니므로 실패를 맛볼 수도 있다. 그러면 다시 스스로를 무능하다고 여기게 되고, 악순환이 계속된다.

외관 뒤에 숨은 의심

겉으로 보아 지나친 자기 도취감을 보이는 아이는 실제로는 그렇지 못하다. 그는 자신을 그리 높게 평가하지 않으며, 오히려 그 반대이다. 자기 자신에 대해, 자신이 실현시킬 수 있는 것에 대해 전혀 확신을 갖지 못한다. 그리고 부모의 사랑도 흔히 조건부로 인식한다. 부모를 실망시키면 사랑을 잃을까봐 두려워, 부모의 기대에 상응하는 높은 사회적 지위에 이르기 위해 야심을 가져야 한다고 느낀다. 부모 자신이 그런 의구심으로 고통받거나 고통받은 적이 있었기에 자식이 보상해 줄 것을 기대한다. 이런 부모의 기대에 들어맞을 경우 아이는 자부심을 갖고 사랑받는다고 느낀다. 어찌 보면 부모를 돋보이게 하는 역할을 맡고 있지만. 아이는 기필코 우등생이 되어야 하고, 예체능에 재능이 있어야 하고, 부모가 원하는 것만큼 잘생겨야 하는 것이다. 이렇게 아이는 자신이 원하는 바가 아닌 주변 사람들의 기대에 따라 그 개성이 형성된다.

이 모범적인 아이들은 종종 '부자연스럽고' 피상적이며, 상당 부분이 타인의 욕구에 따라 형성되었으므로 그들의 '진정한' 개성이 무엇인지 간파하기 어렵다. 심리학 용어로 이 경우를 '거짓 자아의 구축'이라 부르는 이유도 그 때문이다.

결단코 타인의 마음에 들기

이처럼 아이 자신과 유리된 자아 형성 과정에 어떻게 가치의 개념이 접목될지 이해가 간다. 이 개념 역시 진짜가 아니며, 과도하게 부풀려진 것일 수밖에 없다. 실존적인 관점에서 볼 때 그에게 가장 중요한 것은 타인의 마음에 들기이다. 이런 아이들은 흔히 다음과 같이 추론한다. "타인의 마음에 들면 난 사랑받을 거야. 그러려면 실제로 최고가 아니더라도 그렇게 보여야 하고, 절대로 쓰러져서는 안 돼"라고.

이 원칙을 준수한 덕분에 이런 아이는 마침내 자신이 다른 사람들보다 더 강하다는 느낌을 갖는다. 이때 능력이——특별히 지적 차원에서——따라 주면 아이의 개성은 유지될 수 있다. 그러나 후퇴의 자세가 전혀 되어 있지 않은 상태에서 실패가 따를 때 아이는 심각한 가치 손상을 겪는다. 이 분명한 실패로 인해 그는 자신을 전적으로 의문에 부치게 된다. 자신의 참모습이 무엇인지, 자기가 원하는 바가 무언지 더 이상 알 수 없기 때문이다. 그의 정체성은 타인의 눈길에 의해 결정되어 있었으니까.

아이가 이런 좌절을 겪지 않도록 하려면 부모는 자신들의 사랑이 아이의 성공 여부에 따른 것이 아니라는 확신을 주어야 한다. 또한 부모 자신의 나르시시즘에 대해서도 분명히 짚고 넘어가야 한다. 자신들이 찬미하던 아이가 '전락'하거나 실망시킬 때에도 이 아이를 받아들일 수 있도록 말이다.

고통을 줄까봐 두려워하는 마음

아이의 실패로 인해 부모 자신이 무력감을 느끼기도 한다. 자신의 실패가 부모에게 얼마나 큰 고통을 줄지 두려워하는 아이는 자신감을 가장하여 더 큰 고통을 안겨 줄 수 있다. '과장된' 행동을 하는 아이의 경우가 그렇다. 기필코 부모를 '안심시켜야' 하겠기에, 아이는 자신이 겪는 어려움을 은폐하거나 거짓말을 하게 된다. 부모를 실망시키지 않기 위해 거짓말을 하는 것이다. 그러나 이 거짓말이 들통났을 때 아이는 호된 꾸지람을 듣고, 부모는 자신들의 신뢰가 배반당했다고 여긴다. 그런데 아이가 거짓말을 했다면 그것은 거짓말을 하기 위해서가 아니라, 진실을 열어 보이면 부모가 감당키 어려우리라고 생각해서임을 알아야 한다. 아이는 부모에게 고통을 주는 게 견딜 수 없었기 때문이다.

6

부적합한 행동들: 공격성에서 수동성으로

자긍심의 결여가 늘 같은 방식으로 표출되는 것은 아니다. 자긍심 결여는 아이가 맞닥뜨린 난관에 따라 형성된 개성의 밑바탕에 자리 잡는다. 그리고 아이의 발달 단계에 따라 다른 방식으로 드러난다. 아래에 제시될 모든 행동이 자긍심이 약한 아이 혹은 청소년에게서 반드시 나타나지는 않는다. 또 이 행동들은 시간이 흐름에 따라 변하기도 한다. 그렇다고 근본 문제가 해결된 것은 아니어서 다른 종류의 어려움이 초래된다. 우리가 앞으로 다루게 될 공격성 등 미약한 자긍심을 증명하는 특징들은 자긍심의 결핍이라는 문제 외에 또 다른 문제들을 포함할 수 있다. 의존성이나 공격성을 드러내는 일체의 행동이 이런 연약성으로 설명될 수는 없을 것이다. 그래도 부모나 교사·심리치료사들이 문제 해결을 모색하는 과정에서 실마리가 되어 줄 수는 있다.

지나친 공격성

출생과 함께 다양한 형태로 존재하는 공격성은 인간의 적응을 돕는 정상적인 충동이지만 잘못 유도되었을 때에는 과격한 경향을 띨 수도 있다. 어른이든 아이든, 제대로 통제되지 못한 공격성은 대체로 두 가지 방향을 취한다. 즉 자신을 겨냥하든지(자기 공격성), 아니면 타인을 향하게 되는 것이다.

■ 타인을 향하게 될 때

자신에 대한 믿음이 없는 아이는 종종 어이없는 태도로 공격적인 충동을 드러낸다. 특별히 실패를 경험할 때 그렇다. 예를 들면 어린 아이의 경우 작품을 만들다가 망쳤을 때, 그리고 좀더 자란 아이의 경우 계획한 바가 실패로 돌아갈 때 그렇다.

2.5세인 엠마는 레고를 짜맞추려고 애쓴다. 그러나 매번 시도할 때마다 조각이 미끄러져 나가 쌓아올린 것이 허물어지고 만다. 일단 이런 일이 벌어지면 엠마는 다시 시작해 볼 생각을 하지 않는다. 대신 자리에서 일어나 난폭하게 장난감들을 밀쳐내고 달려가, 방 한구석에서 노는 어린 아르망을 물어 버린다. 물론 아르망은 이 일과 아무 상관이 없는데 말이다!

왜 그랬는지 이유를 물으면 엠마는 레고를 가리키며 되풀이해 말한다. "레고 무너졌어, 망 안 예뻐…… 물었어"라고. 엠마의 경우 무언가를 망친다는 것은 견딜 수 없는 일이다. 교육적 열의가 대단한 엠마의 부모는 탁아소측에 영어 수업까지 부탁할 정도이다. 엄마는 자기 아이의 능력을 늘 다른 아이들과 비교 측정하며, 매우 높은 목표를 설정해 두고 있다. 때문에 엠마는 자주 실패의 상황에 놓이는 한편, 아이들에게서 흔히 볼 수 있는 창조적인 '시도-실패'의 리듬에 따른 생활이 불가능하다. 엠마는 분명 영리한 아이이고 가정에서 세심한 보살핌을 받고 있지만, 오히려 실패가 잦고 습득도 더디다. 일단 할 수 없다고 느끼면 다시 시도해 볼 생각을 하지 않는다. 그렇다고 실패에 따른 좌절감을 받아들일 수 있는 것도 아니어서, 눈에 띄는 첫 대상에 분노를 발산한다.

아이가 걸핏하면 화를 낸다면 자긍심이 결여되었기 때문일 경우가 많다. 어떤 행위의 성공 뒤에 따르는 나르시시즘적인 만족감 대신에 공격성이 들어선다. 아이는 어찌 보면 자신의 가치를 느끼기 위해 무제한적인 공격성을 사용한다. 나는 누군가를 때릴 수 있으니까 때리는 것이다. 즉석에서 분노를 가라앉힐 수 있다는 점에서 공격적인 제스처는 도움이 된다. 그렇긴 해도 다른 사람을 때리는 행위는 곧 아이에게, 특별히 집단 속에서 하나의 '정체성'을 부여한다. 화를 잘 내는 아이, 거친 아이라는 꼬리표는 대다수 어른들의 눈에는 그다지 영예롭지 못한 모습으로 비친다. 하지만 어떤 경우에 아이에게는 나르시시즘적 가치를 지닐 수도 있다. 실제로 거친 아이는 종종 다른 아이들에게 두려움의 대상이 되어, 그가 다가오면 대부분 피하거나 자신들이 차지하고 있던 자리나 장난감을 양보한다.

공격적인 아이는 어떤 '고립 상태'에 놓일 수 있지만(소집단의 아이들 속에서 완전히 혼자일 수는 없지만), 주먹질을 가하면서 자신이 가장(혹은 매우) 강하다고 느낀다. 그렇게 해서 나르시시즘이 입은 상처를 스스로 어루만지는 것이다.

그런가 하면 일부 가정에서는 아이의 공격성을 암암리에 혹은 공공연히 높이 평가하고 부추기기도 한다. 그들 자녀가 세상에 나가 대담히 싸울 수 있으리라 믿으면서 말이다.

이때 공격성은 상처받은 자긍심을 메우기 위해 표출되는 것이 아니고, 실질적인 자긍심의 자리를 차지한다. 미약한 자긍심이 그릇된 기초 위에, 부모가 가르친 가치들(특히 사회적 가치들) 위에 구축되는 것이다.

> 매일 저녁 아들을 데리러 탁아소로 오는 마테오의 엄마는, 아들이 친구들과 어울려 놀지도 않고 늘 다른 아이들을 밀거나 때리고 침을 뱉는다는 말을 듣는다. 그러면 어머니는 아들을 야단치지만, 그래도 내심으론 미소를 짓는다.
>
> 면담을 통해 그녀에게서 다음의 사실을 듣게 되었다. 마테오는 아빠와 종종 몸싸움놀이를 하는데, 그때마다 아빠는 아들에게 사내 중에 진짜 사내가 되려면 싸울 줄 알아야 한다고 강조한다고. 사회적으로 그리 성공하지 못한 이 가정에서 어린 아들은 분명 가족의 나르시시즘을 보충해 주는 역할을 맡고 있었다. 그래서 마테

오는 탁아소라고 하는 자신의 준거 집단 속에서 가장 강한 자로서 사회적 위상을 '확고히 하려는' 것이다. 그것이 집단 내의 정해진 규칙에 위반이 되더라도 말이다.

이 아이는 자기 실현의 또 다른 가능성들을 곧잘 잊곤 한다. 그것들에서 늘 실패와 실망을 맛보았기 때문이다. 일단 실망감에 휩싸이면 자신이 형편없어 보이는데, 이것은 견딜 수 없는 일이다. 따라서 현실을 피해 공격적인 행동에 몸을 맡긴다. 거기에는 물론 불편함이 뒤따르지만, 그래도 어떤 사회적 토대가 마련됨으로써 자긍심의 결여라는 진실에 눈감을 수 있게 된다.

운동·학업 성적에 있어 부모가 매우 높은 요구를 하는 아이들에게서 공격성이 표출되는 것을 본다. 이 경우 공격성은 분명 자긍심의 결여를 보충하기 위한 수단이다. 공격성은 자긍심의 구축과 관련된다. 그들은 보통 거의 눈에 띄지 않는 아이들이다. 꾸준한 노력에 익숙치 않고 지적 차원에서도 평균 이상이 되지 못하는 아이들이다. 기필코 자신의 위상을 드러내 보이겠다는 욕구를 그들 가정에서는 높이 산다. 사회적으로 용인되는 기준을 넘어서는 한이 있더라도 말이다. 따라서 폭력이 일종의 능력 내지는 힘으로 간주되며, 결핍을 직시하지 않기 위한 수단으로 작용한다.

■ 혹은 자신을 겨냥할 때

자긍심이 없는 아이는 공격성을 또한 자신에게로 겨냥할 수 있다.

이 경우 자신에게 신체적 손상이나 상처를 가할 수도 있다. 이처럼 신체에 크고 작은 손상을 가하는 행동은 다양한 심리적 문제들과 관련된다. 현실과의 접촉이 상실된 수많은 소아 정신병의 경우에, 신체 훼손은 종종 자신의 존재를 느끼기 위한 적극적인 방법이다. 그러나 이런 행동이 어린 정신병자들에게서만 찾아지는 것은 결코 아니다. 눈에 띨 만큼 심각하지는 않지만, 자기 자신에게 불만을 느끼거나 지루해하는 아이들이 관심을 끌기 위해 몸에 작은 상처를 내는 모습을 볼 수 있다. 이것은 물론 어떤 호소로 받아들여야 하며, 절대로 가볍게 여길 일이 아니다. 어떤 자해는 자긍심의 결여와 분명한 관계가 있다. 예를 들어 실패의 상황에서 아이가 제대로 통제되지 못한 공격성을 자신을 향해 겨냥할 때 그렇다. 다른 심리적 난관들에 부딪혔을 때 일어나는 자기 공격적 행동들과는 달리 이 경우에는 보통 자신에게 맞서는 행동에 선행하는 촉발 요인이 존재함을 알 수 있다.

2세의 어린 이리나는 자신이 그린 그림이 만족스럽지 못하면 화가 나서 머리를 잡아뜯는다. 입학을 준비시키기 위해 마련된, 정밀성을 요구하는 활동에서도 마찬가지이다. 이리나는 좋고 나쁜 방법이 구분되는 실기 활동 때에만 그런 행동을 한다.

또 일부 아이들은 어떤 교사도 차마 입 밖에 낼 수 없는 말을 자신에게 하면서, 자긍심 부족에서 오는 공격성을 드러낸다.

6세의 제롬은 "나는 아무짝에도 쓸모없다" "아무것도 해내지 못한다" "나는 쓰레기다"라고 하며 실패를 자책한다.

그런가 하면 책장을 찢거나 나쁜 점수가 매겨진 노트를 구겨 버리는 아이도 있다. 또 자신에게 소중한 친구나 어른이 흠잡은 옷을 갈기갈기 찢는 경우도 있다.

심지어 아주 어린아이조차 자신을 가리키며 "안 예뻐"라고 말하는 소리를 우리는 흔히 듣는다. 이것은 아이가 어떤 금지 사항에 부딪혔을 때 화가 나서 하는 말이지만, 때론 자긍심 결핍을 반영하는 말일 수도 있다. 이 아이는 무언가를 달성하려다가 실패했다 싶으면 이 '안 예뻐'라는 말을 주저 없이 발설한다. 그건 이미 아이가 자신에 대해 불안을 느끼며, 조기에 벌써 열등한 자기 이미지를 갖게 되었음을 의미한다.

어른의 반응은 아이의 자긍심이 차후 발전해 나가는 데 영향을 미친다. 아이의 내면에서 자신에 대한 나쁜 이미지가 굳어질 수도 있다. 애초에 그가 발설한 자기 이미지에 대한 반박이 없었다면 말이다. 심지어 어른이 전적으로 같은 의견을 내비침으로써 이 이미지가 한층 강화될 위험도 있다.

아주 어린 나이에 이미 아이는 자신에 대해 말하는——아직 정확하지 못한 단어들일지라도——방식 및 자기 몸을 다루는 방식을 통해 스스로에 대한 생각과 느낌을 전달한다. 자신을 존경하지 않는 아이, 실패가 닥쳤을 때 자기 공격성을 띠는 아이는 흔히 미약한 자긍심을 지닌 아이이다.

세상이 무섭게 느껴질 때

인간 관계를 맺게 되는 사회 생활, 스포츠 혹은 학교의 일상 생활에서, 그리고 느낀 바를 표현하거나 영양 섭취를 하는 데 있어서, 아이들은 심리적인 억제 요인을 지닐 수 있다. 즉 정서적·신체적 차원에서 자기도 모르게 행동에 제한을 받을 수 있다는 말이다. 그렇게 되면 실어증이나 식욕 부진과 같은 심리적 장애가 초래되기도 한다. 어떤 특유의 극단적인 억제 요인은 때로 비정상적이며 통제 불가능한 두려움의 행동을 유발한다. 예를 들어 인간 관계에서 병적인 공포로 시달리는 자는 누군가와 관계를 맺는 것이 전적으로 불가능하여, 이것을 피하기 위해 혼자 일을 처리하며 자신만의 세계에 틀어박힌다. 이런 유형의 사람은 고립이 필요한 행위에 과도하게 열중하거나, 시간과 에너지가 요구되는 복잡한 방어 전략을 채택한다.

탐구 가능함을 느끼기

아이가 주변 세계에 직면해 행동하는 방식은 여러 요인에 좌우된다. 그것은 물론 가족 외부에서 일어나는 일에 대한 부모 자신의 시선에 의해 대부분 결정된다. 위협적이든 매력적이든 사람들이 제시하는 바를 아이는 내면화하는 것이다. 아주 어린 나이에 이미 아이의 느낌들은 끊임없이 부모가 지닌 생각의 인도를 받는다. 아이는 또한 가족의 태도에 민감하다. 설령 어떤 말이 수반되지 않는다고 해도, 또 아이 앞에서 분명한 방식으로 어떤 행동이 취해지는 게 아니라고 해도.

삶의 첫 시기부터 어린아이는 외부 세계와 꾸준한 상호 관계를 맺는다. 아이는 시도−실패를 되풀이하면서 세상을 '배운다.' 몸동작의 적응과 행동의 변화를 조건짓는 것은 이런 실패들이다. 그런데 아이가 실수를 저지를 때 다른 행동 방식을 발견하려면 충분한 지력을 필요로 한다. 뿐만 아니라 결과가 실망스러워 참기 어려웠던 이 행동을 다시 시작하려면 자신감이 있어야 한다. 또한 해결책을 강구하고 마련하려면 자신이 충분히 자유롭다고 느껴야 한다. 이렇게 행동의 저변에 자긍심이 개입한다. 이때 자아 개념은 아이로 하여금 자신이 충분히 '가치 있는' 존재이며, 따라서 이 세상에 맞설 수 있다고 느끼도록 한다. 예컨대 생후 약 9개월이 되면 자신의 신체적 능력에 자신감을 갖고 요람에서 일어나려는 시도를 한다. 방해가 되는 장애물이 있으면 밀어내고, 혹 그것이 저항을 가해 오면 다른 해결책을 찾는다.

각 연령마다 행동 가능성과 관련된 두려움이 상응한다. 따라서 어린아이가 혼자 길을 건너려고 해서는 안 되며, 학교가 파하면 부모가 와서 데리고 가야 한다. 각 연령별로 아이가 대체적으로 할 수 있는 것을 기초로 환경에 동화되는 데 있어서의 어려움이 평가된다. 그런데 전반적인 두려움의 분위기 속에서 자긍심이 결여된 어린아이나 청소년은 세상을 발견하러 나설 수 없게 된다.

행동을 피하기, 생각을 피하기

자긍심 부족으로 고통받는 아이는 신체 활동뿐 아니라 주로 인간 관계 및 사회 생활에 있어 스스로에게 제한을 가한다. 자신에 대한 이같은 과소평가는 불안 혹은 무력감을 낳아 어떤 탐구의 시도도 어렵게 된다. 발견을 위한 욕구 결여의 이면에는 흔히 어떤 행동이나 발언에 연루되는 불안이 숨어 있다.

모든 아이들 속에는 발견의 정신이 현존하며 행동의 원동력이 되어 준다. 그런데 일부 아이들은 행동의 가능성이 차단된 듯한 인상을 주며, 때로는 정신 운동 발달의 지연을 의심해 보게끔 만든다.

3세의 아멜리를 두고 보모는 아주 얌전한 아이라고 생각하고 있었다. 처음에 보모는 이런 아이를 맡아 몹시 기뻤으며, 만사가 순조로웠다. 그러나 곧 어린 여자아이가 꼼짝 않고 늘 같은 구석자리에 몇 시간이고 앉아 있는 게 정상일까 하는 의문이 생기기 시작했다.

또 손동작을 필요로 하는 작업이나 교육적 놀이를 하다가 실패할 경우 다시 시작하는 일이 아주 드물다는 사실을 알아챘다. 아멜리는 곧 흥미를 잃는 것 같았다.

아멜리는 화를 내지도 않았다. 그저 등을 돌리고 화가 가라앉기를 기다렸다. 그밖에 약간 말을 더듬는 버릇이 있었는데, 이런 작은 장애로 인한 수동성 때문에 탁아소의 정신과 의사와 면담을 갖게 되었다.

아멜리의 어머니는 늘 바쁘고 불안해하는 여자였다. 그녀는 아멜리가 해야 할 일을 상당 부분 자신이 '대신' 처리한다는 사실을 인정했다. 딸이 이미 시작했지만 재빨리 처리하지 못하는 일을 어머니가 맡아하면서 딸의 용기를 꺾는 말이 덧붙여지기 일쑤였다. 예컨대 옷을 입거나 벗을 때, 탁자 위에 물건을 놓아둘 때, 갖고 놀던 장난감을 한 곳에 정리해 둘 때…….

아멜리는 엄마가 자기 대신 일을 처리하리라고, 그것도 훨씬 잘 처리하리라고 믿어 금세 기다림의 수동적 태도를 취하게 되었다. 일련의 실망스런 결과 뒤에 마침내 얻어진 성공이 주는 강력한 자기애적 만족과 기쁨을 느낄 수도, 자신에게 어떤 능력이 있다고 느낄 수도 없게 되었다.

특별히 아멜리의 경우에는 개인적 성공의 내면화에서 출발해 구축된 자긍심이 거의 형성되어 있지 않았다. 자신이 가치 있는 존재라는 느낌을 발전시켜 가기 위한 감탄의 눈길과 격려도 아멜리는 찾을 수 없었다. 요컨대 성미가 까다로운 아버지는 딸이 '응석받이'가 되거나 잘난 체할까봐 절대로 칭찬을 하지 않았다. 또 아멜리가 새로 획득한 지식이나 성공은 당연한 것으로 여기면서, 아직 완벽히 익히지 못한 것에 대하여는 호된 꾸지람을 했다. 정확성의 '결여'를 심각하게 여겨서, 딸이 입을 열기 무섭게 잘못을 바로잡아 주곤 했다. 이렇게 말을 할 때마다 지적을 받자 아멜리는 말에 수반되는 의사소통의 즐거움을 더 이상 기대할 수 없게 되었다. 이처럼 형식이 내용보다 우선시된다면, 어떻게 이야기를 하는

데 흥미를 느낄 수 있겠는가 말이다!

세상 속에 들어가 자취를 남기기를 거부하는 아멜리에게서 우리는 좌절과 자긍심의 결여를 목격할 수 있었다. 실패가 습득을 가능케 하는 대신 부모로부터 어김없이 꾸지람만 듣게 만든다면 실패를 피하는 것이 나을 테니까.

실패 및 부모로부터의 평가절하에 대한 불안이라는 맥락에서 도피 반응의 메커니즘은 아이들에게서 흔히 볼 수 있는 현상이다. 아무것도 안한다는 것은 실패를 피하고, 자신의 무능을 직시하기를 피하고, 누가 잘못을 바로잡아 주지 않기를 피한다는 것을 의미한다. 이렇게 해서 그들은 실수를 '멀리할 수' 있지만, 이런 지속적인 도피 반응은 발달의 지연을 초래하기도 한다.

무언가를 실현시키려는 욕구를 가지려면 자신에 대한 최소한의 신뢰라도 있어야 한다. 자기 개인에 대한 가치를 느낄 수 없다면 행동이 저지당하는 것과도 같다. 아이는 "아무 소용 없어. 난 아무것도 할 줄 모르는 바보니까"라고 말하며, 세상에 직면해 비개입주의의 모습을 취한다. 그렇게 해서 자기애의 결핍을 매순간 느끼지 않도록 피해 간다. 자긍심이 결여되면, 사회라는 미지의 세계에 대처할 수단이 달린다는 느낌을 갖게 된다. 불확실하고 실패할 것 같은 상황에서 행동으로 돌입하는 데 필요한 자율성과 자신의 가치를 느낄 수 없는 것이다. 자신에게 적응의 원천이 되어 주는 내면의 힘을 인식할 수 없기에 대처의 수단이 결핍된 것과 마찬가지이다.

일부 아이들이 자기 개인의 가치를 끊임없이 확인하기 위해 무언가에 도전하며 시간을 보낸다면(이 아이들 역시 자신의 가치를 확신하지 못한다), 또 다른 아이들은 수동적으로 반응한다. 이들은 깊은 무력감으로 경직되어 있는 것이다.

"그건 너무 힘들어!"

　자긍심이 미약한 아이나 청소년은 실패하거나, 혹은 당장은 아니더라고 마침내는 실패하리라는 느낌을 갖는다. 일부 아이들의 경우 이미 아주 어린 나이에 실패가 두드러지지만, 자긍심이 별로 없는 아이가 이런 실패의 행동을 저지르는 것은 특히 학교 생활을 시작하면서부터이다.

　각자에게 있어 매우 독특한 내면의 구성 요소인 자긍심은 사회적 환경에 아주 민감하게 반응한다. 유치원 과정 첫 몇 년은 성공을 위한 첫걸음, 혹은 적어도 아이에게는 특별한 성취의 시기이다. 그전까지 아이는 부모의 세심한 보살핌을 받으며 비교적 평탄한 생활을 했었지만, 입학과 함께 아이는 사회 집단과 대결한다. 다른 아이들과 자신을 비교하고, 평가되고, 성적이 매겨지고, 과제물을 제출하는 과정을 통해 아이는 개인적 가치에 대한 느낌을 강화해 간다. 그러나 자긍심을 갖기 어려웠던 아이들에게는 평범해 보이는 학교 생활도 시련이 된다.

　　4세의 로마릭은 풀이 죽어 유치원에서 귀가했다. "난 할 수 없었어요, 너무 어려웠어……"라고 말하며. 다음날 로마릭은 유치원에 가려고 하지 않았다. 그곳에선 자기가 아는 것을 끊임없이 말하고 보여 주지 않으면 안 된다고 느꼈기 때문이다.

체육 시간에도 체조 훈련 하나하나를 성공적으로 넘겨야 한다. 어떤 공놀이에서는 공을 잡고 있어야지 놓치면 퇴장당한다. 공을 잡자마자 놓치는 서투른 아이에겐 안된 일이지만, 일단 공을 놓치면 곧 팀에 다시 들어와 경기를 계속하기는 어렵다. 따라서 개선될 가능성도 희박하다.

교사가 노트를 돌려 줄 때 '웃음짓거나' '찡그려서' 성공 혹은 실패를 암시한다면 이론적으로는 성적 자체보다 충격이 덜할 수 있다. 그러나 노트장을 넘기다가 '찡그린 얼굴'이나 '화난 얼굴'만을 떠올리게 된다면 아이는 곧 좌절감을 맛보게 된다.

사회 생활, 그것은 자신의 위치를 정하고 적성과 부족함을 찾아내기 위해 중요한 '평가'의 세계로 들어감을 의미한다. 그러나 자신이 '유리한 편'에 있다고 느끼지 못하는 사람들에게는 때로 몹시 고통스러울 수도 있는 무엇이다.

실패의 악순환

"실수하면서 배워요"라고, 7.5세의 록산은 자랑스럽게 말한다. 자기한테 만족해 있고, 비교적 자신감을 지닌 아이에겐 충분히 가능한 말이다. 그러나 자긍심이 결여된 아이라면 어림없는 말이어서, 오히려 실수는 아이를 얼어붙게 하고, 혼란스럽게 만들고, 생각이나 행동을 가로막는다. 자신이 저지른 실수를 확인하고 고통스러워하는 아이는 이제 조리 있게 말할 수도, 더 쉬운 다른 질문에 대답할 수도 없게 된다. 너무도 당황한 나머지 진짜 바보인 듯한 인상을 주기까지 한다. 성공적으로 일을 처리하지 못한데다가 그렇게 '할 줄 아는' 그룹으로부터 따돌림을 받게 되면, 조롱과 웃음·지적들로 인해 불안감이 증폭된다. 상황이 너무도 충격적이어서 나중에라도 비슷한 상황에 이르면 어김없이 똑같은 고통을 맛보게 된다. 그런데 지적 능력뿐 아니라 신체적 조건 역시 자긍심의 결핍을 초래할 수 있다. 운동 경기는 몸동작은 물론 신체적 현실이라는 차원에서 비교와 평가가 이루어지기에 더없이 좋은 장(場)이다. 그런데 '남과 다른' 신체 조건을 견딜 수 있는 아이는 별로 없으며, 뚱뚱한 아이나 시력이 나쁜 아이 혹은 여드름이 난 아이들……에게 레크리에이션 수업은 그리 반갑게 와닿지 못한다. 여자아이들의 조숙한 사춘기 징후나 추한 외모·과체중은 쉽사리 불만감을 심어 주며, 자긍심이 부족한 경우에는 열등감을 치유하기 어렵게 된다. 아름답거나 민첩한 몸이 아니더라도 최소한 '자기 자신'임을 느끼고, 남들과의 비교를 견디려면 튼튼한 자긍심이 있어야 한다. '신체적' 자아는 새로운 세계로 유입되는 전(前)사춘기〔9-12세의 시기〕에 특히 상처를 입는다. 어른들의 시선은 물론 학업면에서 끊임없이 더 많은 기대를 받는, 새로운 평가 기준이 부여되는 시기인 것이다!

　좀 까다로워 보이거나 너무 살쪘다 싶은 외모의 아이들 혹은 청소년들에게서 자주 좌절의 양상을 마주치게 되는 것도 이 때문이다. 여기에 자긍심의 부족이 결부되면 아이의 생활에 좌절이 파고든다. 조건에 의한 결정론이 강력한 영향을 미쳐 마치 기다렸다는 듯이 말이다.

많은 아이들이 항상 자긍심이 결여된 듯 행동하는 모습을 보면 놀라지 않을 수 없다.

간혹 아이든 어른이든 실존의 난관에 부딪치는 시기의 초기에 정신적 외상을 입을 수 있다. 아이는 정상적으로 성장하기 시작하다가, 어느 한 시기에 이르러 심리적·정신적 발달이 고정된 채 다소 멈추게 된다. 그런데 엄청난 정신적 외상을 입는다면, 그건 흔히 기본적인 자긍심이 사전에 깊이 결여되어 있었기 때문이다. 충격에 맞설 수 있게 해주는 자아에 대한 개념이 구축된 적이 없었던 것이다.

"난 언제나 바보였어요"라고, 심리 상담 과정에서 9세의 아르튀르는 단언한다. 누군가 자신에 대해 다르게 생각할 수도 있다는 사실에 놀라면서.

바보라는 이런 느낌은 아이의 정체성을 구축하는 한편, 같은 색조를 띠게 마련인 미래를 예측하도록 만든다. 이렇게 자긍심의 결여는 종종 숙명처럼 보인다. 꾸준히 자긍심을 키우고 되살아나도록 하기 위해 아이는 외적 '증거들'에 기대기 때문이다.

12세의 스테파니는 중간 석차인 자신의 성적표에 대한 아버지의 반응을 다음과 같이 묘사한다.

"아빠는 제 성적이 형편없다고 하셨어요……. 아빠 말이 맞아요. 전 바보거든요. 저는 절대로 좋은 성적을 올릴 수 없을 거예요."

그처럼 확고한 단언에 내가 놀라는 표정을 짓자, 스테파니는 그것은 오래전부터 누구나 아는 사실이라는 듯 밀어붙인다.

"그래요, 전 바보예요, 정말이에요."

딸을 과소평가하는 아버지의 질책 앞에서 반항의 기미를 조금도 보이지 않는 스테파니가 그처럼 도발적인 태도로 말할 수 있다는 사실이 놀라웠다. 평상시의 아주 차분하고 또렷한 어조를 고려한다면 말이다. 때로는 누구나 그렇듯이 스테파니도 반대 의견을 구하고 칭찬을 바라는 것이다.

이 아이들의 경우 자신감과 자긍심이 그토록 심하게 결여된 것은 선천적인 소여 조건에 가깝다. 대부분의 경우 가족사나 가족 구성원에게서 어떤 분명한 원인을 찾을 수 없기 때문이다.

그들의 말 역시 숙명적인 기미가 배어 있다. "난 그렇게 생겨먹었어. 그러니 그걸 인정하고 살아야 해"라고, 이 아이들 혹은 청소년들은 우리에게 말하려는 것 같다. 그들은 자신에게 아주 불만족해 있으면서 자신이 '무가치' 하다고 확신하고, 그러면서 어떤 반항이나 비난의 감정도 드러내 보이지 않는다.

'개성의 부재'

불가피한 조건, 즉 숙명이라 여겨지는 무엇의 귀결로서, 이 아이들은 삶의 어떤 영역 내지는 모든 일에 있어서 아주 수동적인 태도를 보인다. 실제로 숙명이란 개인의 독창적인 행위와 양립하기 어려운 결정론을 가리킨다. 습득이나 인간 관계에 있어 수동적인 이 아이들은 경직되어 있다. 무능한 사람이라고 불리다가, 자라나면서 부적격자로 통하게 된다. 아무도 그들에게는 기대를 걸려고 하지 않는 듯싶다. 결과적으로 그들은 삶에 대한 애착을 잃고 자신들의 '무가치함'을 한층 뼈저리게 느낀다. 그리고 이런 수동성이 행동을 온통 지배한다. 자긍심이 몹시 결여된 아이 혹은 청소년은 그렇게 해서 차츰 성공이라는 생각 자체를 포기하며, 어떤 착상도 소용 없는 일로 여기게 된다.

이 아이들이 어른이 되면 반복되는 하찮은 일 속에 파묻히는 한편 시시한 인간 관계 속에 고정되어, 실제로 자신들이 '무가치함'을 증명하게 된다.

사람들은 15세의 미카엘을 두고 종종 개성이 없다고 말한다. 실제로 미카엘은 자긍심이 거의 없으며, 그 무엇에 대해서도 의견이 없고, 어쩌다 함께한 친구들 속에서도 결코 어떤 행동을 주도하는 일이 없다.

자신은 '무가치하다'고 미카엘은 자책할지 모르나, 그 가혹한 결과는 '개성의 부재'로 나타난다. 이것은 눈에 잘 띄지 않는 그런 사람들을 지칭하기 위해 사용되는 말이기도 하다. 그들은 자신에게서 가치 있는 무엇을 찾아내기가 불가능한 것이다.

개성의 부재라는 말은 끔찍한 비난이 아닐 수 없다. 개성이 구축되는 데 얼마나 오랜 시간이 걸리는지 우리는 알기 때문이다. 또한 가정에서 사랑과 지지를 받지 못한 아이들의 경우, 해가 감에 따라 심리적 억제 요인이 얼마나 큰 힘을 행사하는지를 알기 때문이다.

'약한 개성'은 자긍심의 결여와 밀접한 관계가 있으며, 자기 자신에게 만족하지 못하는 청소년에게서 나타난다. 면담시에 "내겐 흥미로운 이야깃거리가 하나도 없어요……"라고밖에 말할 줄 모르는 이 청소년에게서 말이다. 자신이 무가치하다고 느끼는 미카엘은 스스로에 대해 그 무엇을 내세우겠다는 바람도 생각도 없다. 자신을 두고 흥미로운 점과 그렇지 않은 점을 어떻게 가를 수 있단 말인가? 그러려면 믿고 자신의 능력들을 평가할 수 있어야 한다. 그런데 자신의 좋은 측면을 보여 주지 못하고 오히려 평가절하당한다면 너무 위험한 일이다. 이렇게 해서 더 불리한 상황에 빠지느니 차라리 아무 할 말이 없는 사람, 조용한 사람으로 통하는 게 나을지 모른다.

학교에서나 가정에서 다음의 말을 되풀이해 들어야 하는 많은 청소년들의 경우가 그렇다. 즉 어른들의 세계에 대해 그들이 아무것도 이해 못한다든지, '아무짝에도 쓸모없는' 인간들이라든지, 그들의 의사는 중요치 않다고 하는 말이다. 흔히 말하는 '개성의 부재'를 한탄하게 되는 대상도 바로 이 아이들이다. 유감스럽게도 그들은 그 무엇에도 의견을 갖는 법이 없으니까!

실수할 위험을 무릅쓰고라도 자신이 생각한 바를 말하고 표현하는 청소년, 성인이 되려면 아이 적에 누군가 그의 말에 귀 기울이고 그의 자기 표현을 존중해 주었어야 한다. 아이가 드러내 보이는 가치를 일찌감치 인정해 줄 때, 아이는 자신감을 갖고 차분히 자기 표현을 할 수 있게 된다. 그렇게 해서 적절한 자기 확신을 갖게 된다.

'과장된 행동을 하는' 아이

확고한 위상을 확보하고 흥미로운 존재가 되려면 절도 있는 행동을 통해 자긍심을 증명해야 한다. 소위 말해 '남의 관심을 끌려고 하는' 아이는 그렇지 못하다.

이런 아이는 지나치게 수동적인 아이와 마찬가지로 그 반대 의미에서 도가 지나치다. 자신의 가치와 능력에 대해 완전히 안심코자 하기 때문이다.

> 사촌들 집을 방문중인 9세의 마르크는 새 조끼를 자랑하며 쉴새 없이 떠벌린다. 식사중에도 걸핏하면 "난 알아요, 엄마, 난 알아요!"라고 소리치며 끼어든다. 급기야 어리석은 짓까지 하게 되어, 부산을 떨며 뛰어다니다가 정원의 나뭇가지들을 꺾어 놓는다. 다른 아이들도 마르크와는 놀려고 하지 않는다. 마르크는 늘 명령만 하려 들기 때문이다.

겉보기와 달리 떠벌려 대는 아이가 강한 자긍심을 가진 경우는 아주 드물다. 사람들이 꾸짖는 이 '우월 콤플렉스'에는 종종 자신에 대한 큰 불안감이 감추어져 있다. 끊임없이 주변 사람들——어른·아이 할 것 없이——의 시선을 끌고 칭찬받고자 하는 이 아이들은 흔히 성가신 존재가 될 수 있다. 그들의 확신은 거짓된 과장이기 때문이다.

정상적으로 자신의 가치를 드러내 보이고 스스로를 신뢰하는 아이들과 이 아이들을 구분하기는 쉽다. 전자는 절대로 남을 성가시게 하지 않는 반면, 자긍심이 결여된 아이들은 견딜 수 없는 존재들이다. 이들은 행동이 서투르며, 적시를 선택하지 못하고, 대화를 독점하며, 너무 오랫동안 무대의 전면을 차지하려 든다. 무엇보다 그들은 '과장된 행동'을 하며, 무슨 일에나 서툰 과격함을 보인다. 타인들의 마음에 들고 존경받고자 하는 욕구가 너무 크기 때문이다.

부모가 대체로 시간을 낼 수 없고 엘리트주의적·극단적 언사를 사용하는 경우, 아이는 집에서 그릇된 자긍심을 발전시키게 된다. 이처럼 부서지기 쉬운 자아를 발전시켜 가는 아이는 흔히 가족으로부터 좋은 보살핌을 받고 최상의 것을 제공받는 듯 보이기 쉽다. 그러나 실제로 부모는 아이의 말을 건성으로 듣거나 부재의 태도를 취함으로써 아이의 가치 의식을 떨어뜨리기 일쑤다. '엄마 아빠의 말대로 내가 정말 그런 사람이라면, 내게 더 많은 관심을 보이고 더 많은 시간을 할애할 텐데' 하고 아이는 생각한다.

그런 다음 무의식적으로 다음의 추론에 이르게 된다. "엄마 아빠는 말씀하시는 것과는 반대로 나와 함께 있고 싶어하지 않는 것 같다. 엄마 아빠가 기대하는 것에 내가 못미치기 때문인 게 분명해. 엄마 아빠는 날 아주 재주 있는 아이라 생각하지만, 난 그 수준에 못미치는 거야"라고.

여기서 부모의 태도가 변치 않는다면, 자신이 충분히 잘하고 있다는 확신이 없는 아이는 '과장된' 행동을 하게 된다. 동시에 그는 부모 앞에서의 자기 정체성을 말해 주는 '무엇이든 잘해야 한다' 는 생각에 집착한다. '다른 사람들 가운데 한 명' 으로 만족할 수는 없다. 그렇게 되면 크게 실망할 것이라 믿는다. 그래서 아이는 능력 이상을 행하려 하지만 부모의 사랑을 충분히 받는다고 느끼지는 못한다. 하물며 능력 이하에 머문다면 완전히 잊혀진 존재가 될지도 모른다고 불안해한다.

그러므로 우리는 이 '과대망상증' 의 불안한 자세를 버린 아이에게 어떤 자리가 남겨질지 묻게 된다. 부모가 자신들의 생활로 눈코 뜰 새 없이 바빠 아이에게 할애할 시간이 거의 없다면 말이다.

7

학교에서, 그리고 여가 활동 시간에
겪는 최초의 사회적 좌절

물론 학업에 있어서의 실패가 단순히 자긍심 부족으로 설명될 수는 없다. 일부 아이들은 자신을 높이 평가하지 않지만 학교에서 만족스런 성적을 받기도 한다. 그러나 학교 생활도 잘하면서 스포츠·예술 분야에 뛰어난 아이라면 보통 자긍심이 단단히 뿌리박고 있게 마련이다. 또 어떤 아이들은 불안정하게나마 균형을 유지한다. 예를 들면 지적인 영역에 우위를 두거나, 특정 영역을 다른 영역보다 더 발전시켜 나가면서. 하지만 그들의 심리적·정서적 생활은 부분적으로 이전의 발달 단계에 머물러 있다. 이 아이들은 종종 문제가 없다고 여겨지지만, 실제로는 일정한 한 분야와 관련된 부서지기 쉬운 자긍심을 구해 낼 수 있었을 따름이다. 그러나 이런 자긍심은 약간의 좌절만으로도 무너져 내릴 수 있다.

학교에서의 좌절: '더 잘할 수 있을 텐데'

아이가 학업에서 성공적이지 못할 때 문제는 더 어려워진다. 대부분의 부모는 아이의 성적에 큰 기대를 건다. 그런데 학교 공부는 주로 테스트와 평가·시험에서 좋은 성적을 거두는 데 초점이 맞추어진다. 실수하며 배운다는 말은 무시된다. 정상적인 교육 과정을 따라가고자 하면서 실수를 거듭할 수는 없기 때문이다. 학교에서 좋은 평가를 받으려면 즉석에서 '정답'을 맞혀야 한다.

> 수업중 발언의 어려움에 대한 기사를 쓰고 있는 한 여기자가 7.5세의 조제핀에게 물었다. 왜 발언이 어려운가 하고. 아이는 "제 말이 틀렸을 때 혼나지 않을까 무서워서요!"라고 대답했다.

자긍심이 결여된 아이에게 이런 학교 시스템이 어떤 결과를 초래할지 족히 상상이 간다. 자신에 대해 나쁜 이미지를 줄지도 모르는 위험을 무릅쓸 수 있을까? 매번 잘못된 답변을 할 때마다 비난이 야기되고, 아이가 이미 자신에 대해 지닌 부정적인 생각이 강화된다면 말이다.

이러한 시스템은 각자의 무능을 공중 앞에 내놓는 격이므로 소위 말하는 부차적인 자긍심——기본적인 자긍심 위에 구축되는——에 금이 가게 할 수 있다. 그런데 이 기본적인 자긍심이 아이 속에 단단히 뿌리박고 있지 않다면, 아이는 학교 생활 내내 자신이 평가받는 방식 및 돌발적인 사건들에 저항하기가 어려울 것이다. 그렇기 때문에 삶의 초기에 자긍심을 단단히 구축해 둘 필요가 있다. 어머니의 눈길과 몸짓을 통해 자신을 신뢰하게 된 아이는 나중에 이런 자긍심을 보존한다. 그리하여 난관에 부딪쳐서도 저항하고, 실패도 상대화할 수 있게 된다.

채점을 통한 평가는 어쩌면 필요악으로서, 아직도 대부분의 학교에서 운용되는 방식이다. 불행히도 아이를 성적과 혼동하는 경우가 너무 잦지만 말이다. 그런데 아이가 학업의 어려움을 겪을 경우, 이 시스템은 역효과를 낼 수 있다. 점수는 아이의 '가치'를 재는, 겉보기에 객관적이고 효율적인 도구로 작용하기 때문이다. 학업의 실패라는 비극적인 상황에서 아이들은 그들의 나쁜 점수와 완전히 동일시되는 것이다. 평가 회의에서 나는 교사들이 편의상 다음과 같이 말하는 것을 들었다. "그 아이는 10점, 아니 그보단 8 내지 9점쯤 되겠어요!"라고. 이런 평가 이면에 진실로 살아 숨쉬는 개인이 있다고 할 수 있을까?

이런 평가에 저항하려면 개인적으로 단단히 무장된 아이들이어야 한다. 나쁜 점수를 앞에 두고 느껴야 하는 좌절 뒤에 다시 머리를 쳐들 수 있을 정도로 말이다. 자신감이 결여된 아이가 부모나 교사의 질책을 들을 경우 자신감이 더한층 약화될 수 있다. 그렇게 되면 점수는 애초에 기대되었던 공정성을 완전히 상실하고 만다.

13세의 장은 동생과의 관계에서 발생하는 어려운 점들 때문에 면담을 하러 왔다. 학기말에 그는 자신의 성적표가 엉망이라고 내게 알려 왔다. 그러나 내가 부탁해서 직접 확인한 성적표의 평균 점수는 10.25였다. 나는 조금 놀라서, 20점 만점에 10점이면 그의 성적은 '중간'임을 일깨워 주었다. 그러자 장은 중간은 10점이 아니고 12.5라고 즉석에서 반박했다.

나는 그의 점수가 평균 이상임을 다시 한 번 상기시켰고, 그 정도면 무리 없이 상급 학년으로 올라갈 수 있을 거라고 말했다. 실제로 그의 성적은 엉망이 아니고 그저 중간이었다. 그러나 그는 학생들에게 평균 이상의 점수를 기대하는 학급에 속해 있었다. 따라서 장은 자신의 성적에 대해 확신을 갖지 못했다.

자긍심이 없을 경우 성적이 나쁜 아이들은 종종 자신이 형편없다는 생각을 떨치지 못한다. 그렇게 되면 점수는 애초의 '정확성'을 잃고 만다. 자긍심이 결여된 아이는 생각보다 자신이 더 많은 능력을 지녔다는 주장을 받아들이기 어렵다. 반면 그의 '무가치함'을 말해 주는 서류상의 증거는 낱낱이 기억된다.

일부 학교에서는 학생들 모두에게 낮은 점수를 부여한다. "아이들이 계속 공부하도록 만들려면 너무 치켜세워서는 안 된다"든지, "성적이 좋으면 아무것도 안한다"든지, "자신을 대단한 존재로 여겨 우쭐거리지 않도록 해야 한다"는 이유를 들면서 말이다. 마치 아이들에게 채찍질을 가해야 한다는 태도이다! 그러나 이 경우 성적이 좋은 아이들마저도 자신감이 조금이라도 결여되어 있다면 스스로를 열등생으로 간주할 위험이 있다.

보상 시스템: 체면 살리기

■ 도발적인 태도로 무관심을 표명하기

성적이 나쁘면서도 자기 자신에 대해 좋은 이미지를 가진 듯이 보이며, 성적 따위엔 관심이 없다고 말하는 일부 아이들에게서 자긍심의 결여를 간파해 내기는 종종 어렵다. 하지만 이것은 흔히 겉모습——때론 아주 두텁고 견고한——에 불과하다. 그 기저에 깔린 자긍심의 결여를 보지 않기 위한 수단인 것이다. 이런 태도를 취함으로써 학업 성적의 부진이 자기애에 가해 오는 상처를 보다 잘 견딜 수 있기 때문이다.

이런 아이들은 '과장된 행동'을 하는 아이들과 매우 흡사하다. 그들은 모두 기본적인 자긍심이 미약하다는 공통점을 지닌다. 낙담이 두려워 실패에 당당히 맞설 수 없는 것이다.

■ 부모나 사회가 믿는 가치에 맞서기

학업 성적의 부진은 또한 의식적이든 무의식적이든 부모가 믿는 가치들에 대한 도전이 될 수 있다. 이 가치들 속에 좋은 성적을 받는 것이 포함된다면, 위기에 처한 아이나 청소년은 자신의 반대 의사를 표명하기 위해 이 방법을 사용할 수 있다. 일부 영역에서 부모가 권하는 것들에 찬성할 수 없을 때 그는 자신이 믿는 가치를 명확히 할 필요성을 절실히 느낀다. 자긍심이 그의 바람과 일관되려면 학업적 성공이라는 체계 속에 편입될 수 없는 것이다. 이러한 행동 방식은 분명 미래의 사회 생활을 위태롭게 한다. 향후 직업 생활에 적응하는 데 있어 결과가 실망스러울지도 모르기 때문이다.

그런데 어떤 청소년들은 그들 자신이 가치를 두는 것들에 '집착하며' 스스로에 대해 갖는 이미지와 일치할 필요를 느끼기에 조금 이상하긴 해도 일관성 있는 길을 따르게 된다.

> 16세의 트리스탕은 학업 성적이 좋지 못하다. 어머니는 문학 교수이고 아버지는 독학으로 화학 박사 학위를 받은 '지식인'으로서, 둘 다 학교라는 기관을 존경하는 사람들인데 말이다. 고교 교육상담원에게서 능력 테스트를 치른 트리스탕은 아주 우수하다는 결과가 나왔다. 그러나 트리스탕은 '농사'를 짓겠다는 집념을 버리지 않고, 농업 고등학교에서 구체적인 공부를 하고 싶어한다. 하지만 부모가 이 계획에 반대하자 그는 끈질기게, 그러나 난폭하지는 않게 맞섰다. 트리스탕은 자기 자신이 되기 위해, 부모의 의사를 거슬러서라도 농사짓는 법을 공부할 것이다.

■ 자긍심이 없는 척하기?

일부 아이들은 모순되게도 성공에 이르기 위해 공부를 못하는 척할 필요를 느낀다.

　　11세의 상드라는 종종 학급 친구들의 마음을 상하게 하고, 부모에게 걱정을 끼친다. 매번 시험을 볼 때마다 상드라는 시험을 망쳤다고, 0점을 받을 거라고, 아무튼 평균에 못미칠 거라고 말한다. 학기말 시험 때면 상드라는 집에 돌아오자마자 울음을 터뜨리며, 자기는 바보라서 늘 실수만 한다고 말한다. 그러나 결과를 열어 보면 다행히도 예상과는 달리 항상 좋은 성적임이, 심지어 우수한 성적임이 드러난다!

무엇이 이 어린 소녀로 하여금 자신의 무능함을 떠벌리고 실패를 연출하도록 만드는가? 상드라에게 성공은 어느 면에서 '죄스러운' 것이며, 성공했다손 치더라도 그건 단지 우연이며 자신에게 그럴 만한 자격이 있어서가 아니다.

내면에 깃든 자긍심이 미약하고 불안정한 아이들에게서 이런 좀 복잡한 양상을 종종 마주친다. 이것은 좋지 못한 양상이다. 그렇게 되면 믿을 만한 지표를 가질 수 없고, 자신의 역량을 솔직히 받아들일 수 없기 때문이다. 스스로를 '실패하게끔 되어 있는' 학생으로 여겨지도록 함으로써 결국 자신도 그렇게 믿게 되며, 자신의 실질적인 잠재력이 피어나지 못하도록 애초에 차단시키는 꼴이 된다.

여가 활동에서 겪는 좌절감

학교 생활에 적용되는 것이 어느 정도 능력을 요구하는 여가 활동에도 분명 적용된다. 대부분의 운동 경기를 비롯해 음악·미술 활동이 그렇다. 여기서도 자긍심이 결여된 아이들은 난관에 부딪친다.

■ 행동을 피하는 것이 실패를 피하는 것일까?

어떤 분야에서 실패하지 않기 위한 가장 확실한 방법은 거리를 두는 것이다. 일체의 수업 외 활동을 거부하는 일부 아이들은 이 사실을 잘 알고 있다. 체육·미술·음악 등 커리큘럼에 든 과목에서 큰 어려움을 겪는 아이들도 있다. 특별한 재능이 요구되는 예술적 훈련 앞에서, 자신에게 이런 재능이 없다고 느끼는 아이는 완전히 좌절할 수 있는 것이다. 음악 학교만 해도 아주 고된 훈련을 요구하니까.

이런 영역들에서 보다 유연하게 어떤 창조성이 자신 안에 피어날 수 있도록 내버려둘 수 없는 것은, 자아에 대해 너무 경직된 이미지를 갖는 한편 오로지 지적 영역에만 가치를 두고 있기 때문이다.

스포츠 영역에서 이런 기피가 더한층 두드러진다. 자긍심의 일부를 이루는 '신체적 자아'에 아이가 부여하는 가치를 직접 관찰하기 위해 스포츠는 적절한 영역이다. 그런데 일정한 연령에 이르면 아이는 신체에 지나치게 열중하거나, 반대로 나쁜 자기 이미지로 인해 방치해 버리거나 한다.

> 이제 어른이 된 조엘은 13,14세 때의 고교 체육 시간에 대해 끔찍한 기억을 갖고 있다. 신체의 변화를 두고 불안해하던 이 시기에 반바지 차림은 고문이나 다름없었다! 그러나 자신의 '추함'과 다

른 아이들의 균형잡힌 몸을 확인하는 데에서 비극이 끝나지는 않았다. 힘과 민첩함이 요구되는 기량을 발휘하여야 했다. 타인의 시선——이 연령에는 몹시도 잔인하게 느껴지는——앞에서 자기 몸에 대한 만족을 증명해야 하는!

아이가 자신의 몸을 어떻게 인식하느냐는 실제로 자기 개인의 가치를 어떻게 느끼는지를 말해 준다. 정서적 차원에서 기본을 이루는 '안정감' 및 자신감은 흔히 몸속에 각인된다. 단지 신체적 기량을 말하는 것이 아니고, 움직이고 이동하고 공간 속에서 몸을 가누는 방식 일체가 포함된다. 자신에 대한 충분한 확신이 없는 아이는 공간 속에서 행동하는 데 더 큰 어려움을 겪을 것이다. 때론 사람들이 모인 장소를 지나가는 것이 고문처럼 여겨질 수도 있다.

자긍심은 발언을 하는 방식에서도 드러난다. 그것도 아주 어린 나이에 이미 발현된다. 명확하고 차분하게 자신을 표현하는 아이들치고 자긍심이 없는 경우는 드물다. 균형잡힌 적절한 방식으로 자기 생각을 표현한다는 것은, 아이가 자신에게 부여하는 가치를 재기 위한 좋은 척도이다.

상대방을 똑바로 바라보거나 자신 있게 악수를 하고, 또 자연스럽게 포옹에 응하는 태도, 이 모두가 일종의 자신감을 말해 준다. 이것은 자신에게도 어떤 가치가 있다는 생각과 결합하여 자긍심의 중요한 일부를 이룬다.

지력과 체력

동년배들의 시선을 몹시 의식하게 되는 이 시기에 청소년이 신체적인 장애를 느낀다면 자긍심의 빈번한 동요를 겪을 수 있다. 부모나 다른 어른들의 눈에서 자신의 가치를 읽는 것이 더 이상 예전만큼 중요하지는 않다. 청소년은 신체적으로 보다 편안함을 느낄 때 보통 자신의 가치에 대해 긍정적인 생각을 되찾게 된다. 그리고 이 새로운 몸을 받아들임으로써 자신을 더욱 사랑하게 된다. 편안한 몸과 스포츠·예술 분야에서의 재능도 개인의 총체적인 맥락 속에서 이해되어야 한다. 체육이나 미술에서 뛰어난 학생이라고 누구나 자긍심이 높다고 할 수는 없다. 흔히는 아동의 일관성 있는 발달이 중요하다. 예컨대 스포츠 기량과 학업 성적 간의 지나치게 두드러진 차이는 일종의 보상 작용 때문일 수 있으며, 이때 아이가 진정한 자긍심을 가졌다고 보기는 어렵다. 아이가 그림에 상당한 자질을 보인다고 해도 주요 학과에서 겨우 중간 수준이라면 자기애에 가해진 상처는 그대로 남는다. 그러나 아이가 학업에 더 이상 가치를 두지 않으면서 자신의 부차적인 능력들을 크게 신뢰하게 될 수도 있다.

학업에서의 상대적인 실패를 기타 영역에서의 성공으로 보상받을 수 있는 게 사실이다. 후자는 일종의 부목으로 작용해, 아이가 용기를 잃고 자신을 완전히 무가치하다고 느끼지 않도록 도와 준다. 요컨대 성적이 '회복'되는 데 꼭 필요한 자긍심이 모두 상실되지 않도록 해주는 것이다.

여기서도 부모의 영향이 매우 크다. 그리고 스포츠와 예술적 기량에 아이가 부여하는 중요성도 종종 부모의 태도에 따라 달라진다.

학업 성적과 부모의 자존심

■ 양면성을 지닌 문제점

스포츠를 비롯해 총체적인 능력에 있어서의 실패는, 기본적 자긍심의 결여라는 결과를 초래함과 동시에 부차적 자긍심 역시 미미할 수밖에 없는 이유가 된다. 기량면에서의 잇단 좌절은 아이 속에 이미 존재하는 미약한 자긍심의 표시일 수 있는 한편, 또한 아이의 자아 개념을 점차 저하시켜 발달 과정의 둔화를 가져오기도 한다.

그런가 하면 이같은 좌절은 부모와 아이의 교류에 있어 위험 지대를 형성한다. 일부 부모들은 자기 아이를 믿기에 아이의 성적으로부터 초연해 가능성을 북돋워 줄 수 있지만, 다른 부모들은 그렇지 못하다. 그래서 아이의 실패로 인해 부모 자신의 자긍심이 상처를 입는다. 이런 부모들은 자신들의 이미지를 높여 주지 못하는 아이를 원망하게 된다. 아이 속에 내재하는 '좋은 점'을 찾는 대신 형편없다는 생각을 부채질하며, 외부와의 교류에 기초한 자긍심의 가능성을 근절시킨다.

■ 나는 15세인 스테판의 부모를 아들의 심리 평가 면담에서 대면

했다. 가끔 아들에게 칭찬을 하는지 내가 묻자 그들은 놀라는 표정을 지었다. 그리고 그렇다고, 물론이라고 자신 있게 대답했다. 그러나 잠시 후 아버지는 그보다 아들에게 잘못된 점을 지적하는 편이라고 고쳐 말했다. 부부는 스테판에게 마지막으로 칭찬을 한 것이 언제였는지 도무지 기억해 내지 못했다. 그렇다면 아들에게 부정적인 말만 건넸다고 생각할 수밖에 없었다.

스테판이 잘하는 것을 '당연하다'고 여겨, 몇 마디 칭찬의 말을 할 필요도 못 느꼈다는 사실을 부모는 인정했다.

그러나 적절한 칭찬은 아이가 자긍심을 구축하는 데 중요한 '자양분'이다.

10세인 알렉시의 아버지는 친구와 지기들에게 아들의 '예술적 재능'에 대해 자주 언급한다. 몇 년 전부터 아들은 원근법에 따라 그림을 그리는 한편, 고도의 자질을 요구하는 '그래프 도표'까지 완성했기 때문이다. 그러나 알렉시는 학업 성적이 좋지 않아, 부모는 교사로부터 자주 소환을 당한다. 그래도 아버지는 아들에 대한 믿음을 잃지 않는다. 어쩌면 이 믿음 덕분에 알렉시는 특수반에서 수업을 듣고 성적이 올라 낙제를 면하게 될 수도 있지 않을까?

아버지가 알렉시에게 그림을 그리지 못하도록 막거나, 아들의 그림을 무턱대고 헐뜯었다면 무슨 일이 벌어졌을까? 이 경우 아이는 자긍심을 키워 갈 일체의 원천을 빼앗기고 말았을 게 틀림없다.

II

무엇이 문제인지를 이해하기

자긍심이 생후 첫 시기에 생겨나는 것은 아니다. 그것은 출생시에 주어지는 것도, 선천적이거나 유전적인 것도 아니다. 자긍심은 아주 상호 작용적인 개념으로서, 아이가 정립하게 되는 외부 세계와의 관계에 따라, 그리고 주변 사람들 특히 부모와의 관계에 따라 차츰 구축된다.

이 자긍심은 어떻게 형성되는가? 유동성을 띠는 이 자긍심은 주어진 발달 요인 중 하나에 상응하는 것이 아니고, 아이의 고유한 정체성을 이루는 여러 심리적 메커니즘에 의해 구축된다.

부모의 상상력 및 기대, 때로는 은연중에 표현되는 요구 사항 역시 아이의 자긍심 형성에 기여한다.

8

───

나르시시즘: 아이에게 필요한 자기애

나르시시즘은 어떻게 자리잡는가?

자긍심을 말하는 사람은 어느 면에서 자기애를 말하는 것이다. 그러나 자긍심이라는 개념이 단지 자기애를 의미하지는 않는다. 그렇다면 나르시시즘이라는 용어는 어떻게 이해될 수 있을까? 이 나르시시즘은 아이는 물론 성인에게 있어서도 기본적인 요소이다. 자기 자신을 충분히 사랑할 필요가 있다. 자긍심을 교만으로, 나르시시즘을 에고이즘으로 혼동하여 이 나르시시즘을 질책하는 이들을 경계해야 한다. 타인과 좋은 관계를 맺으려면 충분한 나르시시즘이 필요하다.

나르시시즘은 자긍심을 구성하는 요소로서, 장차 자긍심이 안정되게 자리잡도록 해준다. 자신을 사랑하면 이 감정은 두고두고 지속되는데, 그렇게 되면 스스로에 대해 매우 긍정적인 이미지를 갖게 되는 이점이 있다.

반대로 자긍심이 결여되면 자신에 대해 형편없는 이미지를 갖게 된다.

이 나르시시즘은 생후 첫 시기부터 이미 자리잡기 시작한다. 즉 아이가 차츰 자신의 존재를 인식하고 주변 현실에 적응하기 시작하면서부터 생긴다.

아이는 외부 사람들을 대신하여, 혹은 그들과 동시에 자신을 사랑의 대상으로서 바라본다. 그는 나르시시즘에 의해 반영된 자기 이미지를 통해 한 개인으로서, 주체로서 자신을 구축한다. 여러 정신분석학자들에 따르면 이 초기의 나르시시즘은 발달 과정의 조기 단계로서, 지복과 절대적 균형을 목표로 한다.

향후 갖게 되는 자긍심의 첫 기초는 이렇게 내면으로의 후퇴 상태, 즉 타인에 대한 사랑보다는 자신에 대한 사랑으로 이루어진 상태에서 구축된다. 그런데 이런 상태야말로 자긍심 형성에 필요한 내적 균형의 첫 요소들을 포함한다.

자기 중심적인 여러 행동——빨기, 웅얼거리기, 자기 몸을 흔들기——에 몰두해 있는 아기들을 관찰하노라면, 분명 '행복한' 나르시시즘이 존재하는 듯싶다. 이것은 발달 과정에 도움을 주어, 미래의 정체성 확립은 물론 정신적 통일체로서 아이가 자신을 구축할 수 있도록 한다. 그러나 이것이 지나친 내향성과 혼동되어서는 안 된다. 외부로부터의 유입물을 차단하는 비정상적인 위축 상태에 갇힌 어린아이들에게서 실제로 이런 현상을 볼 수 있다.

전능의 포기

생후 첫 시기에 갓난아이는 매우 자기 중심적이며 온전한 나르시시즘의 상태에 있다. 그러다가 차츰 현실의 긴장과 좌절에 직면하면서 자기 균형의 조건들을 재구성한다. 이렇게 현실적인 문제들과 대면한 아이는 완전히 폐쇄된 나르시시즘의 자세를 버리고, 자기애를 다른 방식으로 운용하게 된다. 이것은 외부의 도움, 특히 부모와의 관계를 포함한 새로운 구조 속에서 이루어진다.

요컨대 자신이 전능하지 않다는 사실과 자신의 욕구가 모두 채워질 수는 없다는 사실을 알게 된 아이는, 자기애를 되찾기 위한 돌파구를 발견한다. 즉 부모에게 특출한 권한을 부여하여 그들을 가장 아름답고 힘 있는 존재로 만드는 것이다. 여기서 주의할 점이 있다. 이런 전이(轉移)는 보상 효과를 지녀서 어린아이의 손상된 나르시시즘을 강화해 주지만, 만일 부모가 아이를 무시하는 태도를 취하면 자긍심을 완전히 잃을 수도 있다. 부모는 대단한 사람인데 자신이 부모를 실망시킨다고, 아이는 생각할 것이다.

모든 것이 우선 입·시선·말을 통해 이루어진다

생후 13,14개월까지 대부분의 욕구와 충동은 입에 집중된다. 풍요로운 감각과 연관된 빠는 습성 및 음식물을 통해 쾌락을 얻는 것이다.

이 연령의 아이는 좌절을 견디지 못하며, 욕구의 즉각적인 충족을 요구한다. 방해물을 참지 못하며, 할 수만 있다면 타인은 생각지 않고 우선 자기부터 만족하려 든다.

이것은 아이의 나르시시즘에 있어서 미묘한 단계이다. 엄지손가락을 빠는 등의 자기 연애적 쾌락 외에도 자신이 구하는 만족을 얻기 위해 어린아이는 환경에 크게 의존한다. 즉 양분을 섭취하고, 자리가 옮겨지고, 달래어지고, 또 손 닿지 않는 곳의 물건을 잡기 위해 아이는 타인에게 기대는 것이다. 그는 또한 시선을 통한 지지를 구하고 어머니의 눈 속에서 자신을 보는 한편, 아이를 보고 아이에게 존재감을 심어 주는 이 어머니를 본다. 그 자신은 아직 말을 할 수 없지만, 말 또한 그의 행복을 위해 중요한 요소이다. 그는 자신이 존재하고 인정받음을 느끼며 성장한다. 주변에서 오가는 말에 따라 자신에 대한 막연한 관념이 형성되기 시작한다. 의미를 지닌 말들로 풍부해지거나, 가혹하다 싶은 말을 접하면 움츠러들면서.

그런 다음엔 소유의 행동이 잇따른다

15개월에서 3세 사이의 주된 충동은 변의 자제 및 배출과 관련된 쾌락이다. 이 시기에 아이가 자신의 리듬을 따라가도록 내버려둔다면, 아이는 기꺼이 청결을 습득한다. 아이는 통제력을 발휘코자 하며, 전능의 욕구를 갖는다. 항문의 쾌락은 닫힌 영역——몸, 오로지 몸——에서 이루어지므로 나르시시즘적 만족을 얻기가 훨씬 쉬워진다.

이 단계에서 아이는 환경으로부터 좀더 독립되어 있음을 느낀다. 날개가 돋아남을 느끼는 것이다!

이 시기에 아이는 자신의 우월성을 시험해 보며, 거기서 때로 부모와 아이 사이에 힘의 관계가 형성된다. 이런 자세는 이 순간 어린 아이가 경험하는 전능의 환상과 연관되는데, 이것은 분명 그의 개인적 자만심을 크게 만족시킨다. 아이는 자신을 상대할 자가 아무도 없다는 느낌까지 갖는다.

아이는 자연스럽게 부모에 대한 의존에서 다소 벗어나, 자긍심을 구축하는 데 필요한 자율성을 획득한다.

실제로 이 시기에는 긍정적인 자기 이미지 형성을 위해 필요한 외부의 도움이 덜 중요해진다. 반면 구체적인 영역들을 공략하게 되는데, 그렇게 해서 나르시시즘이 강화되어 나간다. 대상을 잡거나 손으로 조작하는 등, 숙달을 위한 모든 활동은 아이가 온전한 나르시시즘을 구축하고 유지하게끔 해준다. 요컨대 아이는 주변에서 관찰한 관계들을 대상에게로 옮겨 놓는다. 손으로 만지고 던지고 끌어모으고 수집하는 등의 행위에서, 아이가 대상에 행사하는 힘은 세상에 대해 행사하는 힘과 동일한 의미를 갖는 것이다!

4세인 마르탱은 자신의 서랍장 서랍 하나를 보물 상자로 삼기로 했다. 그래서 그 안에 중요한 물건들, 특별히 즐거웠던 일을 상기시키는 물건들을 모아두었다. 그리고 가끔씩 이 소유물들을 흡족한 마음으로 들여다본다. 물론 엄마가 간섭하거나 물건을 치워서는 안 된다! 방 안에 아무리 다른 장난감이 많아도, 소유의 개념은 이 서랍을 통해 구체화되는 듯싶다.

우리는 이 보물 상자를 통해, 숙달과 전능의 개념과 함께 이 시기의 끝을 특징짓는 모든 것을 재발견한다. '이 물건들은 나 혼자 찾아냈고, 내가 큰 가치를 매겨 주었어'라고 아이는 생각하는 것이다. 흔히는 조금 더럽고 낡은 이 하찮은 대상들(낡은 버스표, 사탕 껍질, 빈 성냥갑, 파손된 장난감 등)을 만지작거리며 아이는 쾌락을 맛본다. 본래의 용도를 벗어난 무언가를 갖고 논다는 것은 얼마나 큰 기쁨을 주는가!

아주 확실한 동맹자들

아이들은 때로 조심스럽게 골라진, 아니 '선택되다시피 한' 외부의 요소들을 사용하여 아직 불안정한 나르시시즘을 강화하고 확고한 자기 이미지를 구축한다.

이것이 영국의 소아과 의사이자 정신분석학자인 도널드 위니코트가 말한 '과도 대상'의 기능들 가운데 하나이다. 위니코트에 의하면, 과도 대상은 어머니와 아이를 맺어 주는 가공의 끈인 동시에 아이의 자아 구축을 돕는 확실한 버팀목이다. 아이가 몹시 사랑하는 타자가 그 재현 대상에 의해 대체된 듯 모든 것이 진행된다. 엄마의 스카프나 티셔츠가 종종 과도 대상이 되기도 한다. 이 과도 대상을 껴안을 때 아이는 이 타자를 자기 안에, 품안에 들여놓은 셈이다. 이렇게 해서 아이는 스스로를 안전케 하고, 누군가에게 연결된 개인으로서 자신이 존재함을 느낀다.

그것은 부모나 유모, 그리고 다른 아이들까지 모두 그 독특하고도 특출한 성격을 인정하는 '신성한' 대상이다. 아이는 또한 마음대로 이 과도 대상을 만질 수 있는데, 이것은 이 연령의 아이에게 몹시 중요하다. 타자를 재현함과 동시에 언제나 손 닿는 곳에 있는 이 숭배의 대상을 지배함으로써 아이는 안심하게 되고, 자신감을 강화해 간다.

일부 아이들이 자신들 곁에 두는 '가공의 친구' 역시 마찬가지이다. 이 애정의 창조물들은 아이의 나르시시즘 형성——이 역할이 전부는 아니지만——을 위해 무시 못할 역할을 담당한다. 요컨대 아이는 이 분신을 이용하여 자신만의 욕구와 행위의 일부를 옮겨 놓는다. 그리고 이러한 투사를 통해 견고한 나르시시즘의 구축을 방해하는 불리한 요소들이 제거된 자기 이미지를 갖게 된다. 예를 들어 자신이 저지른 실수나 어리석은 짓은 바로 이 친구의 책임이며, 결과적으로 아이의 자기 이미지는 그대로 보존된다. 옳지 못한 일, 부모의 비난을 받는 일을 행한 것은 이 가공의 친구이기 때문이다.

6.5세의 발레르는 거의 2년 전부터 라디암이라는 친구를 두고 있다. 발레르가 지금까지 겪어 온 좋은 일 나쁜 일, 특별히 강렬한 순간들을 라디암은 함께했거나 주동자가 되었었다. 생일 케이크를

자르는 순간에도 라디암의 접시를 따로 마련해 두었고, 선물도 라
디암이 골랐다. 집이 어지러뜨려져 있으면 그건 발레르가 아니라
라디암의 소행이다……. 라디암은 무슨 일에나 성공하며, 공부도
아주 잘한다. 그러나 그는 먼 나라에서 온 이방인이며, 부모도 없
다…….

발레르에 의하면 라디암은 힘겨운 삶을, 그러나 모든 구속으로부
터 자유로운 삶을 산다. 발레르가 사는 곳 출신이 아니라는 사실은
라디암의 신비를 더해 주며, 부모가 없다는 것은 여러 잡다한 사항
들을 납득시켜야 하는 부담을 덜어 준다! 발레르는 이 분신으로 하
여금 정서적으로 아주 파란만장한 상황을 살도록 하며, 자신이 직
면한 힘든 순간은 그가 대신 경험케 한다. 이 가공의 친구는 또한
권위와의 갈등을 피하도록 해주며, 현실의 한계를 지니지 않는 타
자를 꿈꾸게끔 한다. 모든 자질과 가능성을 지닌 이 가공의 친구는
나르시시즘을 지켜 주는 좋은 동맹자임이 분명하다. 심지어 발레르
를 인정해서 특별한 친구로 선택한 것도 이 친구이다.

나르시시즘의 이 '도구들'은 대체적으로 주변 사람들과 외부 환
경으로부터 독립적이라는 점이 또한 흥미롭다. 과도 대상은 아이에
게 속해 있어, 아이가 마음대로 다루며 아무 데나 데려갈 권리가 있
다. 그러나 이 가공의 친구는 아주 내면적인 대상이어서, 아이가 그
에 대해 말하고 이름을 부를 때 부모가 궁금하게 여겨도 이 친구는
아이를 위한 비밀의 정원으로 남는다.

타인을 기쁘게 하는 것이 정말로 중요해질 때

타인의 사랑이 가장 중요한 자리를 차지하게 된다. 과도 대상에 대한 의존이나 자신이 전능하다는 환상이 아이에겐 만족스러운 무엇이지만, 잇달아 타인의 사랑이 다시 지배적인 의미를 갖게 된다(5세경). 물론 부모는 아이에게 항상 중요한 존재였지만, 특히 이 시기에 이르면 아이의 정신 발달을 위해 제일가는 원동력이 된다. 여자아이는 아버지 앞에서 엄마와 일종의 경쟁 관계를 이루면서도 자신을 엄마와 동일시한다. 그런가 하면 남자아이는 아버지와 힘을 겨루며 엄마 곁에서 아버지의 자리를 차지하려고 한다.

부모가 자녀들에게 응하는 방식과 각자에게 자리를 부여하는 방식에 따라 아이는 나르시시즘을 계속 형성해 나갈 수 있게 된다. 부모의 시선은 '자아의 흠집들'을 수정하도록 도와 준다. 부모가 아이에게 과도한 요구를 하지 않는다면 말이다. 엄격한 교육으로 인해 지나치게 도덕적 구속을 받으면 아이는 자신을 무능력하다고 여기거나, 내면에 나르시시즘이 결핍될 수 있다. 또 스스로를 유쾌하고 사랑받는 존재로 느끼지 못하면 쉽사리 자긍심의 결여가 초래된다. 이 시기에는 나르시시즘이 점차 확대되어 나간다. 아이는 부모를 이상화하여 대단한 존재로 생각하게 되며, 현재 자신에게는 없다고 생각되는 전능한 힘을 부모에게 부여한다. 그래서 세상에서 제일 좋은 엄마, 그 누구보다도 힘이 센 아빠가 된다. 부모는 '완벽한' 존재로 보여지므로 아이가 자신감을 갖도록 해주는 든든한 버팀대이다. 부모를 높이 평가함에 따라 자신에 대해서도 긍정적으로 생각한다.

동시에 이 시기는 '소유하기'를, 특히 자신과 다른 성의 부모를 차지하기를 포기하는 시기이기도 하다. 아빠 혹은 엄마와 결혼할 수는 없는 법이니까! 소위 말하는 오이디푸스 콤플렉스가 아이의 자기 이미지에 쓰라린 상처를 줄 수도 있다. "왜 나는 충분히 존중받지 못하고, 엄마가 아빠보다(혹은 아빠가 엄마보다) 나를 좋아하게 만들 수 없는 걸까?" 하고 아이는 묻는다.

아이는 물론 현실 속에서 근친상간을 금지 사항으로 받아들이지만, 무의식적 차원에서 이 '거부'는 아이가 자신에 대해 품은 생각에 불균형을 초래할 수도 있다. 즉 자신은 세상에서 제일 소중한 사람에게서 선택받지 못한 것이다.

칭 찬

생의 어느 시기라도 칭찬은 소중하지만, 특히 5-7세 아동의 경우에는 자신의 한계를 받아들일 수 있도록 돕는 요인이다. 포기는 무능함을 증명하는 것이라는——무엇보다 나르시시즘의 관점에서——결론에 이르지 않도록 지켜 주기 때문이다.

아이가 지닌 나르시시즘의 욕구를 충족시키기 위한 여러 방법이 있다. 아이의 행동이나 가능성은 물론 정신적·신체적 자질에 대한 긍정적인 말들은 자기 이미지 형성에 기여한다. 자신의 이런저런 특성을 돋보이게 하고, 결함처럼 여겨져도 사랑받는 데 방해가 되지는 않는 점들을 받아들이기 위해 아이는 이런 말들에 의존할 것이다.

> 7세인 세바스티앙의 부모는 아이의 나쁜 성적 때문에 걱정하면서도——세바스티앙은 아직도 글을 제대로 읽지 못한다——친구들 앞에서는 아들이 잘하는 점들을 열거하려고 애쓴다. 예를 들면 세바스티앙은 재치가 있고, 사람들과 아주 쉽게 사귄다는 등.

어떤 한 가지 측면과 자신을 완전히 동일시하는 아이는, 그 일에 어려움을 겪을 때 좌절감에 빠지며 현실을 오직 이러한 관점에서 보게 될 위험이 있다. 그래서 평생 자신이 닿을 수 없는 모델을 추구하여 부정적인 상황에 직면하기 무섭게 곧 좌절을 느낀다. 나아가 애정적 차원에서 버림받았다는 느낌을 가질 수 있다. 아주 어린 시절부터 실패하면 사랑받지 못한다고 배웠기 때문이다. 하지만 설령 어느 한 분야에 재능이 있다 해도 다른 자질 또한 갖고 있게 마련이다. 그리고 능력을 발휘하는 분야를 친지들이 높이 평가하면 자신감을 가져 조금 서투른 활동 분야에서도 인내할 수 있게 된다.

아무리 되풀이해서 강조해도 부족한 사실이 있다. 즉 칭찬이 현실에 기초해 있다면 결코 아이가 우쭐대거나 자신의 진정한 능력에 대해 환상을 갖게 하지는 않으리라는 사실이다. 자긍심을 갖고 자라려면 부모의 인정이 매우 유익한 거울의 역할을 맡는다.

나르시시즘을 충족시키기 위해서는 칭찬만 필요한 게 아니다. 감당할 수 있는 책임을 아이에게 부여하고, 아이도 해낼 수 있다고 생각되는 어른의 활동에 참여시키도록 한다. 그렇게 하면 아이는 나르시시즘을 강화하는 한편, 스스로를 가치 있는 존재로 여기게 된다. 그리하여 현실 속에서 만족스런 경험을 쌓음으로써 지나친 상상력에서 기인한 전능의 의지를 보다 쉽사리 떨쳐 버릴 수 있게 된다.

9

안정감

모든 심리적 발달에 필요한 이 기본적인 감정은 향후 아이의 자긍심이 형성되는 데 몹시 중요하다. 삶의 첫 순간부터 아이는 안전을 필요로 한다. 이 안전은 반드시 몸을 경유하도록 되어 있지만, 단지 생리적 욕구만을 의미하는 것은 아니다. '욕구를 지닌' 몸은 일종의 심리적 장소로서 아이에게 안도감을 갖도록 해준다. 어머니가 이 몸의 욕구에 적절히 대응한다면 말이다. 어머니는 아이가 엄마 품에 안겨 애무받고 싶어하는 것을 알며, 그렇게 한다. 그러면 안정감이 아이 안에 스며든다.

갓난아이는 종종 여러 내면의 감정들로 인해 균형을 잃는다. 아이의 정신적 동요는 기분의 변화로 표출되어, 결국 울음이 터지고 만다. 이 순간 아이를 안심시키고 보호함과 동시에 혼란을 극복하도록 도와 줄 어른이 가까이 있을 필요가 있다. 이렇게 아이에게 안정감을 주는 데는 말과 제스처 역시 한몫한다.

말은 일찌감치 아이에게 안정감을 부여한다

아이가 느끼는 것을 두고 말이나 추측 등으로 어머니가 표현할 수 있는 일체가 아이의 이해를 돕는다. 아이는 잠재된 불안의 실체를 더 잘 파악함으로써 안심할 수 있게 된다. 그리고 자신의 기분이 표출되는 것이 어떤 의미를 가짐을 느낀다.

생후 10개월의 아녜스는 화가 나서 얼굴이 빨개진 채 10분 전부터 악을 쓰고 울어댄다. 엄마는 기저귀를 갈고 먹을 것을 주어 보지만, 식사한 지 30분도 안 지나 벌써 배가 고플 리 없었다. 어쩔 줄 몰라하는 아이 앞에서 어머니는 어린 딸의 머릿속에서 일어날 수 있는 이런저런 일들을 추측하면서 생각나는 대로 말하기 시작한다.

"밤새 잠을 못 잤나 보구나. 그래서 피곤한 거니?" 혹은 "어제 처음 탁아소에 갔다 와서 힘들었나 보구나. 그래서 엄마한테 화가 났니? 아니면 사람들이 널 이해 못해서 짜증이 난 걸까!"

아녜스는 차츰 화가 누그러지고 울음소리도 약해졌다. 그리고 마침내 잠이 들었다.

이 추측이 옳았던 것일까? 엄마로선 알 길이 없다. 그렇긴 해도 문제를 지니고 그 문제를 이해하려고 노력하는 사람에게 말을 걸 듯이 우는 아이에게 말을 걸었을 때, 그 말이 지니는 진정제의 효과를 체험할 수 있었다. 요컨대 어른은 자신의 말을 아이가 실제로 이해했는지 알 수 없지만, 그래도 이 말이 효력을 발휘했다는 사실을 쉽게 확인할 수 있다. 어쩌면 단지 말에 수반되는 표정의 변화나 목소리 때문일 수도 있지만 말이다.

소리를 지르거나 울면서 타인에게 자신에 대한 무언가를 전달코자 하는 아이에게 만일 침묵의 반응만 돌아온다면, 아이는 큰 불안을 느낄 것이 틀림없다.

모성의 제스처가 기초를 마련한다

어린아이가 스스로를 형성해 나가려면 그 모든 과정에 모성애적 보살핌의 제스처가 수반되어야 한다. 이런 제스처가 충분하고도 적절히 주어진다면 아이는 자기 자신에 대해 좋은 이미지를 갖는 준비를 하는 셈이다. 아이를 먹이고 씻기는 꼭 필요한 제스처 외에도 수많은 제스처가, 아이에게 자신이 중요한 인물이며 사랑받을 자격이 있다는 느낌을 부여한다. 특별히 흔들어 달래는 제스처를 포함해 아이를 안거나 옮기거나 걸리거나 주변 세계를 보여 주는 등, 일반적으로 아이를 품는 모든 제스처가 중요하다. 소아과 의사이자 정신분석학자인 도널드 위니코트가 정의내린 '안아주기(holding)'가 아주 어린아이들에게는 꼭 필요하다. 물론 부모에게는 때로 귀찮게 여겨질 수도 있지만, 아이가 깊은 안정감을 내면화시키기 위해 매우 중요한 것이다. 이렇게 품에 안긴 아이는 자기라는 개체의 통일성을 느끼며, 신체적인 접촉을 통해 삶의 첫 순간의 촉각 및 후각을 되살린다. 이같은 상황과 결부되어 오가는 말과 눈길이 아이의 존재감을 강화하는 한편, 아이는 정서적으로 훌륭히 성장하기 위해 꼭 필요한 관계를 나눈다.

아이를 사랑으로 품에 안는 것은 훌륭한 성장을 위해 필수적이다. 아이를 적당히 '안아 주지' 않았을 때 어떤 장애가 발생할 수도 있다. 어머니의 품안에서 자신이 받아들여지는 느낌을 가져 보지 못한 아이들, 이 원초적인 안정감을 누릴 수 없었던 아이들은 어떤 실존의 불안과 함께 의존심이라는 장애를 키워 가게 된다. 자신의 가치를 충분히 자각하지 못하는 그들은 만족할 만한 자긍심을 가질 수 없다. 따라서 앞서 본 대로 부서지기 쉬운 기반 위에 자신을 구축하며 거짓 인격을 형성해 나간다.

엄마는 또한 머릿속에 존재한다

나중에 좋은 자기 이미지 혹은 표상을 지니려면 우선 아이는 '좋다'고 생각되는 인물들의 이미지를 자기 안에 들여놓아야 한다. 이것이 바로 정신분석학자들이 내면의 대상들, 내면화된 표상들이라고 부르는 것이다.

이 '대상들'은 부분적인 것이거나, 잇달아 총체적인 인물을 상징할 수 있다. 예를 들면 욕구를 충족시켜야 하는 상황, 배가 고픈 순간 갓난아이에게 어머니의 젖가슴은 '좋은' 대상으로 비친다. 나중에 이 대상이 적절히 내면화되면, 걱정스럽거나 혼자가 된 순간에 아이는 이 '좋은' 대상의 현존을 떠올릴 수 있을 테며, 따라서 자신의 불안을 가라앉힌다.

이처럼 안정감을 주는 긍정적인 상황들을 내면화한 아이는 스스로를 위한 기초를 구축하는 셈이며, 그 위에 자신에 대한 좋은 이미지가 자리잡아 나간다.

부재에 대한 제어력

유명한 정신분석학자였던 지크문트 프로이트는, 엄마가 없는 동안 실패를 갖고 노는 한 어린아이를 관찰한 적이 있었다. 아이는 가구 밑으로 실패를 던져 넣고는 '포(fort)'('멀다'는 의미로)라고 말했고, 그것을 도로 꺼내 와서는 흡족한 표정으로 '다(da)'('여기'라는 의미로)라고 외쳤다. 그렇게 해서 아이는 내적인 안정감을 획득하는 것이었다. 이 놀이를 통해 욕구를 충족시킨 아이는 부재와 현존을 다스리면서 엄마와 떨어져 있는 불안한 상황을 지배할 수 있었다.

어린아이들은 흔히 불안의 전이를 노리는 여러 놀이의 상황 속에서 이런 유형의 연출을 재현해 낸다. 즉 불안이 외부로 옮겨지고, 아이가 마음대로 조작하는 놀이를 통해 다스려지는 것이다. 안정감을 해치는 일부 상황을 통제할 수 있는 가능성이 주어짐으로써 아이는 가까운 사람의 부재로 인한 불안을 극복할 수 있게 된다. 이렇게 해서 아이는 무의식적으로 근본적인 안정감을 강화해 나간다.

주간 탁아 시설에 맡겨진 14개월의 어린 요앙은 매일 아침마다 겪어야 하는 부모와의 이별을 견디지 못한다. 이 눈물의 장면은 누가 보아도 가혹한 것이며, 엄마 아빠가 떠나고 나서도 한참 동안 요앙은 힘든 시간을 보낸다. 그가 좋아하는 물건들, 고무 젖꼭지, 엄마의 스카프, 가족 사진 등 여러 '매개물'이 동원되지만 모두 허사이다.

그러나 문제는 예기치 못한 방식으로 해결되었다. 유대교도인 요앙의 부모는 아들이 유대 법도에 맞는 음식을 먹기를 원해 따로 도시락에 고기를 싸준다. 이걸 요앙이 직접 탁아소 주방에 가져오고, 식사 후에는 빈 도시락을 받아간다. 엄마가 냉장고에서 도시락을 꺼내 주면 요앙은 내용물을 확인하고, 저녁이면 부모에게 빈 도시락을 건네 주는데, 이 일을 요앙은 무척 좋아하게 되었다.

이제 요앙은 부모의 부재로 인한 불안을 집에서 엄마가 정성스레 싸준 음식에 전가시킴으로써 극복하게 되었고, 아침마다 되풀이되던 눈물과 고통의 장면도 사라졌다.

■ 혼자 있을 수 있는 능력

모성애의 보살핌을 통해 충분히 안정감을 얻고 자신에게 좋은 것을 내면화시켰을 때, 아이는 짧은 순간들을 혼자서도 고통스러워하지 않고 지낼 수 있다. '혼자 있을 수 있는 능력'이라고 위니코트가 묘사한 것을 획득했기 때문이다.

어린아이의 이런 상대적이고 잠정적인 자율성은 어머니가 아이에게 베푼 정성스런 보살핌 덕분에 아이가 어머니의 현존을 내면화시켰음을 말해 준다. 아이는 어머니에게 즉각적·구체적으로 다가갈 수 없더라도 기다릴 수 있다. 자신을 한 인격체로 체험하는 이런 고독의 순간들을 통해 또한 아이는 자아감을 형성하게 된다.

보살핌과 자극이 부재하는 가운데 혼자 있는 시간을 통해 아이는 자성(自省)을 체험하며, 생활 속에서의 경험들을 개략적으로 종합해 보고 각각의 경험에 그와 관련된 감정들을 결부시킬 수 있게 된다. 이 고독의 순간들 속에서 형성된 자아 인식을 토대로 자신의 이미지 및 자기 평가, 즉 자긍심이 구축된다.

10

존재감

자신이 정신적인 실체라는 느낌이 출생과 더불어 곧 마음속에 새겨지는 것은 아니다. 나중에 자긍심이라고 불리게 될 자신에 대한 개념을 아이는 이 '자아' 위에 구축하게 되는데, 이러한 자아는 사회적·관계적 차원에서 모습을 드러낸다.

실제로 갓난아이가 성장할 때 주의 깊은 보살핌만으로는 충분치 않다. 아이는 부모에게 더 많은 것을 요구하며, 자신에게 눈길을 주기 바란다. 예전에는 주로 생리적 욕구의 충족이나 불편의 제거라는 점에서 쾌감·불쾌감을 느낄 때 자신의 감정을 드러내었었다. 그러나 이제 아이는 생리적 욕구 외에도 자신이 바라는 것들을 부모가 충족시켜 주기를 기대한다. 자신의 행동과 기분의 표출에 사람들이 의미를 부여해 주기를 바라는 것이다. 부모라는 환경에 대한 신체적인 의존성은 점차 줄어드는 반면, 정신적인 차원의 의존성은 늘어난다. 아이는 곧 욕구를 넘어서 존재감의 형성을 도와 줄 일종의 교류를 찾아나서게 된다.

생후 15개월경이면 생기는 이런 추구는 아이가 자기 자신에 대한 이미지를 갖게 되는 첫 시기와 일치한다. 아이는 외부로부터 유래한 '좋은' 대상들을 충분히 내면화해서 지표로 사용하며 자아를 구축한다. 이렇게 자신이 내면화한 것, 또 주변 환경이 보내오는 메시지에 따라 자아 개념을 갖게 된다.

예를 들면 아이는 부모의 주의 깊은 눈길을 내면화함으로써 일시적으로 부모와 떨어져 지낼 수 있게 된다. 탐구하고, 발견하고, 주변 현실의 요소들을 비교하면서. 그러나 부모의 이런 온정어린 눈길을 충분히 받지 못할 경우, 아이는 주변 세계를 발견하는 데 있어 자신이 충분히 안전하다는 느낌을 갖기 어려워진다. 외부 현실을 탐구하기를 두려워하지 않는 아이들은 보통 부모로부터 사랑의 눈길을 받고 자란 아이들이다.

13개월의 아나이스는 곁눈으로 엄마를 살피며 놀고 있다. 엄마가 앉은 벤치에서 조금 멀어지다가도 엄마의 모습이 보이는지를 확인하며 너무 멀어졌다 싶으면 곧장 곁으로 돌아올 태세이다.

엄마가 부르는 소리에 마음이 놓여 되돌아와서는, 이번에는 다른 놀이를 시작한다. 한 돌멩이 위에 다른 돌멩이를 올려두고 치는 놀이인데, 그러면서 엄마의 반응을 살핀다. 재미있는 놀이라고 생각한 엄마는 아이의 사기를 북돋워 주지만, 딸이 손을 다치지 않도록 조금 덜 무거운 돌멩이를 갖고 놀라고 타이른다. 이렇게 놀이는 평화롭게 이어진다…….

생각과 언어 혹은 그림은 아이가 현실——불쾌할 때도 있지만 내면화 덕분에 아이가 통제할 수 있게 된——을 받아들이게끔 해준다.

앞서 말한 부재에 대한 제어력이 이것이다. 아이가 마음속에 어머니의 이미지를 통합하고 부재 뒤에 현존이 뒤따른다는 사실을 이해했다면 혼자 있는 시간을 보다 잘 견딜 수 있을 것이다. 그에게 없어서는 안 되는 어른이 실질적으로 부재할 때에도 자신의 존재감을 느끼면서 견딤이 가능하다. 그러므로 단 한 시간이라도 어머니가 아이를 떠나거나 탁아소에 맡기고 갈 경우에는, 설령 아이가 아직 말을 못한다고 해도 아이에게 자신이 언제 돌아올 것인지 말해 주어야 하며, 예고 없이 떠나는 일이 절대로 없어야 한다. 그렇게 할 때 아이는 자신이 안전함을 느끼기 때문이다.

사람들, 그리고 아이가 내면에 간직한 부모의 이미지가 자아의 구성 요소가 된다. 그들이 아이에게 소중한 존재일수록 더욱 중요한 요소가 된다. 아이 자신의 고유한 발달과, 아이의 여러 행동에 대한 외부로부터의 견해——부모의 지지 등——가 교차하는 지점에 자아가 자리잡는다.

자아감은 또한 일련의 동일화를 통해 형성된다. 어린아이는 그가 중요하다고 여기는 '타인처럼' 자신을 느낀다. 그리고 이 타인에게 받아들여짐으로써 이 타인 속에서 자신을 재발견한다. 이런 관계를 통해 아이 개인의 현실이 구축되는 것이다.

아이가 최초의 정체성을 강화해 가는 데 있어 그에게 보내지는 시선의 중요성을 여기서도 알 수 있다.

부모의 기대

어린아이의 자긍심은 오랫동안 부모의 의견에 몹시 의존적인 상태로 남는다. 아이의 자아는 부모의 시선 아래서 차츰 형성되며, 이 시선을 통해 아이는 자신이 가치 있는 존재임을 느낀다. 그리고 지표가 되는 어른들의 바람과 기대라고 생각되는 것에 자신을 맞추어 나간다.

따라서 아이는 때로 자신의 실제 모습이 아니라 마땅히 되어야 할 모습에 따라——즉 부모의 바람이라고 느끼는 바에 따라——자신을 구축한다.

그런데 부모는 종종 자녀에게 아주 큰 기대를 건다. 아이가 태어나기도 전에 마음속에 이상적인 자녀상을 그린다. 그런데 이 상상의 아이와 현실에 존재하는 아이 사이에는 흔히 차이가 나게 마련이다. 그래도 부모는 결코 이 상상의 아이를 완전히 포기하지는 않을 것이다. 설령 이상에만 온통 집착하지는 않는다고 해도 현실의 아이를 마주하고 이 이상은 여전히 남게 된다.

보상의 역할을 하는 아이

아이는 이따금 부모의 나르시시즘을 연장시키는 역할을 담당한다. 부모 자신이 상처받은 부분을 치료하며, 부모가 실패했거나 실패했다고 믿는 부분에서 성공해야 하는 것이다. 흔히는 모순되게 마련인 부모의 기대는 아이를 견디기 힘든 상황으로 몰고 갈 위험도 있다. 요컨대 부모는 아이가 자신들을 위해 성공해 주기 바라지만, 때로는 아이가 목표에 도달했을 때 질투하기도 한다. 자신들이 가질 수 없었던 것을 아이가 손에 넣은 것을 원망이라도 하듯이.

조나탕이 6세였을 때 아버지는 아들을 축구 클럽에 등록시키고 싶어했다. 축구에 열정을 품고 있었지만 무릎에 병을 앓아 이 스포츠를 포기하여야 했던 아버지는, 아들이 자기를 대신해 축구를 해주기 바랐다. 처음에 조금 주저하던 조나탕도 결국 이 스포츠를 좋아하게 되어 코치로부터 실력을 인정받았고, 코치는 조나탕이 집중 훈련을 받을 수 있도록 부모에게 권했다. 그런데 바로 이 순간부터 아버지의 태도가 급변했다. 시합 이야기를 하면 귀찮아하는 듯하더니 아들이 향상을 보여도 시큰둥했고, 급기야 아들 앞에서 질투와 강한 공격성을 드러내었다. 심리 치료를 통해 다음의 사실이 밝혀졌다. 즉 아이에 대한 나르시시즘적 투사는 한계가 있어, 조나탕의 성공이 아버지 자신의 결핍을 직접적으로 채워 줄 수는 없었다는 것이다. 그러나 아들의 성공은 좋은 것이며, 그로 인해 괴로워할 것이 아니라 자랑스러워해야 한다는 사실을 아버지도 받아들이게 되었다. 그후 아버지는 지역 스포츠 발전을 돕는 단체에 가입했으며, 이렇게 해서 아들에게 의존하지 않고도 자율적으로 자신의 가치를 발견하고 느끼게 되었다.

부모의 나르시시즘이 무의식적으로 자녀에게 전가될 때 보통은 가정 내에 고통스런 긴장이 초래된다. 아이 자신의 욕구와 바람은 무시당한다. 그렇게 해서 아이는 부모가 심어 준 생각과 이미지——소위 말하는 투사——에 따라 형성되어 간다. 아이 자신의 것이 아니며, 또 아이로서는 그 필요성을 이해할 수 없는데도 말이다. "넌 멋있고(혹은 아름답고) 총명해져라. 학급에서 일등을 차지해라. 스포츠 챔피언이 되거라. (혹은) 재능 있는 예술가가 되어라." 이런 명령에 아이는 적응해야 한다.

기대에 부응할 경우 아이는 인정받지만, 그렇지 못할 경우에는 멸시받고 거부당한다. 그런데 아이를 바라보는 부모의 시선이 꾸준하지 않고 상황에 좌우될 때 아이는 안정되게 이 시선을 내면화할 수 없다. 부모에게 어떤 의미를 가져야만 아이 자신도 의미와 가치를 지니며, 자신에 대한 긍지를 느끼는 것이다. 그러나 그렇게 되면 자아의 구축이 어렵다. 그 기반이 외부에 있을 뿐 아니라 부모의 의도가 일관되지 않기 때문이다.

아주 어린 시절 이미 아이에게 투사되는 욕구들은 대부분 무의식적이며, 때론 부모 자신——아이는 말할 것도 없고——의 이해를 벗어나는 논리 속에 각인된다. 그런데 이런 상황에서 아이가 자신을 형성해 가기는 어렵다. 아이 자신이 바라는 바가 무시되기 때문이다. 부모는 오직 자신들의 욕구에 따라 자녀의 욕구를 인정하며, 그것이 수용 가능한지 여부를 결정한다.

8세인 랭다의 어머니는 딸이 공부하는 방식을 절대로 용인할 수 없다. 랭다는 자기 물건들을 어지럽게 늘어놓고서야 공부하는 습관이 있는 것이다. 어머니는 물건들이 말끔히 정돈된 상태에서 딸이 공부하기를 바라며, 그렇게 하도록 강요한다.

하지만 랭다의 학업 성적은 우수하다. 그래도 질서를 우선시하는 어머니는 자기와 다른 딸을 용납할 수 없으며, 다른 방식 역시 통할 수 있다는 사실을 받아들이지 못한다. 때문에 학업 이외의 문제들을 두고도 긴장과 충돌이 벌어지곤 한다. 자신과 너무 다른 모습을 보이는 딸을 견디지 못한 어머니가 공격성을 띠게 된 것이다.

"엄마, 보세요!"

아동의 위기——특히 대립의 시기에 있는——는 자아 구축 과정에서 흔히 중요한 단계이다. 위기는 충돌을 초래하며, 인간 관계와 사회 경험에 불화의 씨를 뿌린다. 아이는 종종 끓어오르는 충동적인 표현이 어디까지 가능한지 묻게 된다. 주변 사람들의 반응을 통해 그는 자신이 누군지, 어떤 자리를 차지할 수 있는지 깨닫는다. 또 어떤 식으로 발전이 수용되고 무절제한 양상들이 거부당하는지도. 사회적으로 용납되는 반응과 그렇지 못한 것을 구별하기 위해 아이는 자신이 표현코자 하는 반응들을 선별할 필요가 있다. 그렇게 해서 차츰 지표들을 마련하며, 주변 사람들을 대상으로 시험한 바에 따라 행동할 수 있게 된다.

직접적이며 때론 힘에 부치는 실험을 통해 아이는 배워 나간다.

아이의 경험과 시도는 객관적인 방식으로 긍정적·부정적 측면이 고려되어 현실 속에 재배치되어야 한다. 또 아이의 욕구와 관심이 일단 수용 가능하다고 판정되면 부모의 지지가 있어야 한다. 어린 아이한테는 힘에 부칠지도 모르지만, 어떤 욕구들은 아주 정당하기에 인정받아야 한다.

이 욕구들이 즉석에서 충족되지 않을 경우에 아이 편에서 곧 반응을 보내올 수 있는데, 이때 아이를 이해시키려면 명확한 설명이 필요하다. 예를 들면 금지 사항들의 경우가 그렇다. 그런데 아이에게 일관성 없는 설명이 주어지거나, 또 오늘 허용된 일이 아무 설명도 없이 내일은 허용되지 않는다면, 아이는 모든 사회화 과정에 필요한 지표들을 내면화할 수 없게 된다.

성공은 아이가 차츰 자긍심을 구축해 나감에 있어서 중심 역할을 한다. 어떤 일에 성공할 때 아이는 부모가 관심을 보이기 바라며, 이때 부모의 태도가 매우 중요하다. 무슨 일을 해내었을 때 아이는 "엄마, 보세요"라고 하루에도 몇 차례씩 마음속으로 외치며, 엄마가 확인을 넘어 인정해 줄 것을 기대한다.

자녀의 성공을 두고 부모가 자신의 가치를 문제삼아서는 안 된다. 자녀의 성공 앞에서 위협을 느끼거나 뒤진다는 느낌을 가져서도 안된다. 그보다는 자녀의 발전을 인정하고 북돋워 주어야 하며, 어떤 순간에 이르러서는 자녀의 실패나 무능도 이해해야 한다. 그러나 자녀가 부모의 연장으로 여겨지는 한 이런 태도를 갖기 어려울 것이다.

연령별로 아이들을 비교하는 일반적인 경향으로 인해 간혹 부모

의 나르시시즘이 상처를 입기도 한다. 실제로 부모가 아이에게 실
망하는 경우, 아이가 스스로를 평가절하할 위험이 있다.

　그레구아르의 경우가 그렇다. 생후 17개월의 그레구아르는 아직
걷지 못하는데, 어머니는 탁아소에서 그레구아르와 함께 지내는
친구들이 걷는 것을 본다. 어머니는 자주 다른 아이들의 나이를
묻곤 하는데, 걷는 아이가 그레구아르보다 어릴 경우 실망의 빛이
역력하다. 그러면 탁아소의 보모가 어머니에게 설명해 준다. 걷는
시기는 아이마다 다르며, 그레구아르가 아직 용기를 내지 못할 따
름이지 아직 시간은 있다고……. 그래도 상처입은 마음을 추스르
지 못한 어머니가 아들에게 '노력해 보라고' 끈질기게 다그치다
가, 결국 모자간에 불쾌한 상황이 벌어진다.

　그래서 보모가 생각해 낸 아이디어는, 그레구아르가 다른 아이
들보다 '잘하는 점'을 어머니에게 보여 주는 것이었다. 예를 들면
말을 잘한다든지 손동작——숟가락의 사용——이 민첩하다는 점
이다. 어머니가 입은 나르시시즘의 상처도 마침내 그레구아르의
능력이 이렇게 분명히 입증됨으로써 아물게 되었다.

　서두를 필요가 없다는 사실을 이해한 어머니는, 이제 실망하지
않고 참을성 있게 그레구아르가 걷기를 기다리게 되었다.

11

너무 강한 이상

정신분석학에서 말하는 자아의 이상이란 개인이 소망하는 것, 그 기대를 충족시키고자 노력하는 것을 말한다. 부모의 이미지와 밀접히 관련된 이 자아의 이상은 아이가 부모에게서 보았던 절대적 완벽에 대한 흠모를 가리킨다. 따라서 그것은 부모의 형상에 따라 구축되고 내면화되지만, 교사 역시 영향을 미친다. 아이가 주변 사람들과 정서적 유대와 관계를 맺고 있는 한, 이 자아의 이상은 아이의 존재감 및 자아 형성을 위한 기반이 되어 준다.

부모가 지나치게 큰 기대를 걸거나 자아의 이상이 너무 높을 때, 아이는 거기 도달하지 못하고 자신에게 실망한다. 원인을 확실히 규명할 수 없는 어떤 느낌, 즉 기대에 못미치고 모자란다는 느낌이 바로 이렇게 해서 설명된다.

10세인 로익에게 엄마 아빠는 늘 완벽한 사람들로 비친다. 직장 생활에 관한 한 아버지는 힘든 점들은 언급하지 않고 긍정적인 결과들만 이야기했다. 또 별 볼일 없었던 학창 시절은 조심스레 묻어두고, 수년 전에 잃었던 직장에 대해서도 입을 다물었다. 그런가 하면 아이들을 키우면서도 직장 생활을 문제 없이 해내고, 여러 인간 관계를 유지해 나가는 어머니 역시 '수퍼우먼' 으로 비쳤다.

이런 부모를 둔 아이들이라면 실패를 염두에 둘 수 없을 것이다. 오직 성공만이 허용되는 이런 완벽한 가정에서 실패란 추락을 의미할 테니까.

로익은 학교 생활에 적응을 못하지만, 그의 소심증을 걱정하는 교사의 말에 아버지는 귀 기울이지 않는다. 성적도 지지부진하지만 어머니는 아들이 아주 총명하다고 믿는다.

부모에 의해 투사된 이미지가 조금 덜 완벽하다면, 또 부모가 자신들의 부족한 점들 및 난관을 극복할 수 있는 방법에 대해 이야기한다면, 이 아이는 좀더 편안히 생활해 나갈 수 있을 게 분명하다.

자신이 세상의 중심이라는 생각을 버릴 것

아이는 자라나며 주변 사람들과 정서적 관계를 맺게 되면서 자신에 대한 절대적 사랑을 차츰 포기한다. 나아가 예전에 이런 나르시시즘과 결부되어 지녔던 전능의 환상 역시 버리게 된다. 커가며 현실의 시련에 부닥뜨리면서 자기애에 금이 가기 시작하는 것이다. 요컨대 아주 어린 시절에 믿었듯이 자신이 세상의 중심은 아니라는 사실을 아이는 알게 된다.

자신의 경험, 관계, 정서적 반향, 또 그의 행동에 대한 주변 사람들의 반응에 따라 아이는 자아의 이상을 구축해 나간다. 그리고 부분적으로 이 자아의 이상이 나르시시즘을 대신한다. 이제 아이가 모델로 삼는 것은 자기 자신의 이미지가 아니라 외부에서 바라본 어떤 이미지이다. 이 자아의 이상은 위로가 된다. 그것은 아이에게 전진의 욕구를 부여하는 한편, 그것에 다가간다고 느끼는 순간 나르시시즘의 만족감을 불러일으키기 때문이다. 또 외적·내적 원천이 뒤섞인 지표가 되어 준다. 아이는 이 지표에 따라 자신에게 '어떤 가치'를 부여하며, 이 자아의 이상과 자신이 일치한다고 여겨질 때마다 아이의 나르시시즘은 안심하게 된다.

아이는 모방할 모델을 선택한다. 적어도 상상으로라도 다가가려고 노력하기 위해. 이 모델은 현실 세계에서, 주변의 어른들 가운데서 찾아진다. 그러나 종종 영화나 만화에 나오는 상상의 인물들에서 취해지기도 한다. 흔히 엄청난 힘과 수많은 장점을 지닌 이 인물들은 놀이의 시간에 찾아와 아이가 잃어버린 전능의 환상을 되돌려 준다. 상징적인 차원에서 그 환상을 복원시킴으로써.

5세의 폴은 놀이에 열중해서 '세상의 모든 힘을 부여받은' 인물들을 무대에 올린다. 누나가 그의 어떤 행동을 나무라면, 폴은 큰 소리치며 단언한다. 자신은 무엇이든 할 수 있는 힘을 가졌다고!

흠 없고 전능한 인물들이 등장하는 이런 유형의 놀이는 남자아이들에게서 흔히 찾아볼 수 있다. 자신들의 힘을 과시하기 위해 아마도 더 노심초사하기 때문이다. 이것은 3-6세 아동의 문제가 무엇인지를 잘 보여 준다. 아이가 상당 부분 잃어버렸다고 믿는 어린 시절의 전능이 이 영웅들에게서 유래한 자아의 표상들을 통해 되찾아지는 것이다.

아이는 엄청난 힘을 지닌 이 영웅들로 가장하는 데 몰두한다. 남자아이들이라면 쾌걸 조로·배트맨·로빈 후드가, 여자아이라면 요정이나 공주 아니면 마녀가 될 것이다. 이런 가장은 아이들이 현실에 뿌리내리기 위한 한 방법으로, 그들이 지닌 자아의 이상을 그 속으로 끌고 들어온다. 전능의 꿈은 의상을 통해 물질적으로 표현되며, 따라서 순전한 상상에 머물지는 않는다. 상징이 갖는 힘은 대단하여, 분장이 얼마나 섬세한가는 아이에게 문제가 되지 않는다. 요술 지팡이나 왕관, 레이저 검, 혹은 큰 검정 모자만 있으면 아이는 이 상징적 특징들이 가리키는 무엇이든 될 수 있기 때문이다.

요구가 모순될 때

종종 본의 아니게 부모는 모순된 기대에 부응하도록 아이에게 요구한다. 부모는 '이상적인' 자녀에 대한 생각에 얽매여 자기 아이가 이 모델과 일치하도록 강요하면서도 동시에 그러지 못하도록 막는다.

고차원의 스포츠를 늘 꿈꾸었던 부모의 경우가 그렇다. 이 부모는

자신의 꿈을 아이가 실현시키도록 다그치면서도, 실제로 아이가 성
공하면 질투심을 억제할 수 없는 것이다. 그는 아이에게 끊임없이
더 높은 수준에 이를 것을 요구하거나, 아니면 반대로 아이의 성과
를 무턱대고 깎아내리면서 질투심을 드러낸다. 그렇게 되면 아이는
두 가지 메시지, 즉 "가장 강한 사람이 되어라"와 "나보다 강한 사
람이 되어서는 안 된다" 사이에서 옴짝달싹할 수 없게 된다.

어떻게 아이가 고유한 '자아'와 자신에게 주어진 목표들을 혼동
하지 않을 수 있을까? 아이의 정체성과 가치 의식은 부모의 욕구 속
에서 혼란에 빠진다.

자아의 이상이 깊은 개인적 욕구에 자리잡지 않고 외적·비이성적
기반 위에 구축될 때 아이는 궁지에 몰린다. 무의식적인 구속, 금지
사항들이나 명령이 아이가 마음껏 개성을 꽃피우지 못하도록 막는
다. 아이 속에 단단히 자리잡은 이 구속들은 아이와 무관하다. 그것
들은 부모로부터 온 것, 오로지 부모의 욕구에 기인한 것이기 때문
이다. 이 구속들은 아이가 표현하는 어떤 의지와도 일치하지 않는
다. 아이를 따라다니는 것은 바로 부모 자신의 개인적인 이상이다.

요컨대 이 기초들은 비이성적이다. 아이의 역량이라는 현실, 즉
부모가 고려하지 않는 이 현실과 종종 동떨어져 있기 때문이다. 부
모의 무의식적인 보상 욕구에서 나온 계획을 아이가 그대로 받아들
인 것이다. 그렇게 되면 아이로부터 진정한——나아가 만족감을 주
는——자아의 개념이 떠오를 수 없다.

예를 들면 부모의 이상 속에 갇힌 아이는 다음과 같은 건설적인
생각을 염두에 둘 수 없게 된다. "난 이 일에 성공하고 싶다. 이것은

내게 맞는 일이고, 또 잘하는 일이니까. 이 일은 내게 기쁨을 주고, 때문에 난 더 큰 자신감을 갖고 이 일을 해낼 수 있다"라는.

욕구와 감정이 부정될 때

부모가 아이의 욕구를 인정할 때, 아이에게 감정이 있고 또 이 감정들로 인해 때론 참기 어려운 행동이 유발되기도 한다는 사실을 받아들일 때 비로소 아이의 자아가 제대로 형성될 수 있다.

아이가 드러내는 분노도 예외가 아니다. 이 분노를 인정해 줌으로써 부모는 이런 감정 표현의 배경을 고려하여 그 맥락을 이해하게 된다.

> 회전목마를 더 타겠다고 떼쓰는 4세의 뤼시의 요구를 거절하면서, 어머니는 딸의 실망감을 달래려고 한다. '더 타고 싶다'는 딸의 욕구를 인정해 주면서. 사실 뤼시에겐 자기 감정을 분명하게 표현할 권리가 있다. 그렇다고 엄마에게 발길질을 할 권리는 없지만 말이다.

아이는 자신이 인정받고 있음을 느낀다. 자신이 품은 감정의 '타당성'이 이해된 것이다. 동시에 안도감을 느낀다. 자신의 행동이 통제 불가능한 것이 되었다면 끔찍한 상황이 벌어졌을 테니까. 이렇게 해서 아이는 자아에 대한 표상을 갖게 된다. 즉 화를 낼 권리는 있지만 사회적으로 수용 가능한 범위에 머물러야 한다는 것을 배운다.

아이의 행동이나 생각은 그 표현이 용인되지 않는다는 이유로 금지되어서는 안 된다. 아이는 모든 감정을 가질 수 있고, 욕구의 표출도 허락되어야 한다. 가정 혹은 사회에서 지켜지는 규율을 벗어나지 않는다는 조건에서. 아이에게는 온전히 개인적인 자아를 구축할 권리가 있지만, 이 권리는 현실과 조화를 이루어야 하기 때문이다.

권위와 금지 사항들

아이는 이런 자아의 이상에 따라 자신을 규정하게 된다. 내면의 기대와 외부와의 만남에 의해, 또한 아이에게 권위를 행사하는 인물들이 부여한 구속 및 명령에 의거해 형성된 이상이다. 아이가 종속되어 있다고 느끼는 이 일련의 명령들이, 소위 말하는 정신분석학의 '초자아'를 이룬다. 그리고 이 초자아와 어떤 관계를 맺고 있느냐에 따라 자긍심이 크게 결정된다.

생후 첫 몇 해 동안 초자아를 대변하는 것은 무엇보다 부모의 권위이다. 정해진 금지 사항들을 위반할 경우 가해지는 부정적인 제재와 상급이 교차하면서 이 부모의 권위가 아이의 삶에 리듬을 부여한다. 잇달아 이 금지 사항들이 아이 속에 내면화되어, 아이는 선악을 구별하는 고유한 내면의 체계를 형성한다. 이 체계는 다소 가혹하게 작용하여 아이가 지닌 자아의 이상과 관계를 유지하며, 삶에서 자신을 실현하는 방법 및 의무 사항들을 결정짓는다.

초자아는 현실과 직접적인 관계를 갖지 않는다. 예를 들면 매우 관용적인 가정 환경에서 사는 아이가 아주 강한 초자아——행위와 감정을 검열·통제하는 권위——를 구축할 수도 있다. 부모는 방관의 일관성 없는 태도로 뚜렷한 가치관이 없이 종종 모순되는 태도를 취하는데 말이다. 이처럼 강한 초자아의 목표는 어찌 보면 현실 속에서 부족한 지표들을 채워 주고, 혼돈스러워 보일 수 있는 무엇에 질서를——때론 과도하게——부여하는 것이다.

반대로 엄한 교육이 엄격한 초자아를 형성하는 것도 아니다. 부모의 요구 사항들이 일관되지 않거나, 부모 자신은 사회적 법규를 위반하면서 자녀에게 가족의 법규를 지키도록 기대한다면 말이다. 우선 부모가 좋은 모범을 보여야 한다고들 말하지 않는가?

그러므로 초자아의 엄격성이 아이가 받는 교육의 실질적인 특성들과 반드시 연관되지는 않는다. 요컨대 아이는 이미 구축된 부모의 초자아와 관계하며, 흔히 부모의 무의식적인 요구 사항들을 느끼면서 자란다.

9세의 로라는 소위 말하는 모범생이다. 그러나 아무리 성적이 우수해도 정말로 만족한 적은 한번도 없다. '더 잘할 수도 있었을 텐데'라고 늘 생각하는 것이다. 부모는 딸을 만족스럽게 여기며, 일상 생활에서 딸에게 능력 이상으로 잘하라고 강요하는 것 같지도 않다. 그런데 로라의 가족사를 살펴보면, 가정 형편상 공부를 할 수 없었던 친할머니가 계셨다. 집안의 아들만 공부를 계속할 수 있었던 것이다. 할머니의 아들 가운데 하나였던 로라의 아버지도 능력은 되었지만 학업을 계속 밀고 나가지는 못했다. 그러고 보면 로라는 학업과 완성을 향한 노력을 늘 높이 샀던 할머니의 기대를 내면화시킨 듯싶다. 아버지는 이 요구를 충족시킬 수 없었지만 대신 딸에게 가치관을 물려 주었다. 로라는 부모의 기대 이상으로 인정받기 위해 노력하면서 이 가치관을 고스란히 받아들인 것이다.

이처럼 가치 체계와 생활 습관은 부모와 자녀의 초자아를 통해 세대를 가로질러 전달된다.

무슨 일을 잘했다거나 못했다는 느낌은 외부의 승인 혹은 부인으로부터 생겨날 수 있다. 특히 아이가 아주 어릴 경우에 그렇다. 그러나 아이가 커갈수록 스스로를 평가하는 데 아이의 초자아가 내적 제어 역할을 담당한다. 그런데 아이가 부모의 요구를 충족시키지 못하거나 사회적으로 적응을 못해 자주 죄책감을 느낀다면 자긍심이 약해질 테며, 끔찍한 불만감이 초래될 것이다. 이 순간 자아의 이상이 도달 불가능해 보이면 불만감이 더한층 강화된다.

무의식적으로 내면화한 명령과 구속의 성질에 따라 자기 자신에 대한 아이의 요구는 다양해진다. 이렇게 해서 아이(그리고 미래의 성인)는 자긍심을 느끼거나 그렇지 않거나 한다. 자아에 대한 높은 이상이 엄격한 초자아와 함께할 때에는 어떤 실패도 견딜 수 없는 것이 되고 만다. 실패는 아이의 내면의 요구로 정해진 목표들에 거슬리는 용납할 수 없는 과오이기 때문이다.

반대로 초자아가 미약하여 조정자, 도덕적 검열관으로서의 역할을 완수하지 못한다면 기대치가 낮아 쉽사리 큰 자긍심을 가지리라 생각할 수도 있다. 그러나 대부분의 경우는 그렇지 못하다. 성과가 보잘것없고 행동이 변변치 못할 때 주변 사람들로부터 따가운 눈총을 받을 수 있기 때문이다. 인정받고자 하는 그의 요구가 외부 사람들이 그에게 부여하는 듯싶은 가치와 일치하지 않는 것이다. 그렇게 되면 아이는 갈등을 겪으며, 높고 튼튼한 자긍심을 가질 수 없게 된다.

아이는 또한 나약해진 자신을 느낀다. 아무도 그의 욕구를 인정해 주지 않거나, 개인적인 성과를 알아 주지 않기 때문이다. 어떤 반응도, 외부로부터의 응답도 받지 못할 때 진정한 자긍심을 갖기란 어렵다. 아이의 행동이 지니는 가치를 주변 사람들이 인정해 주지 않는다면 극단적인 경우에는 외부 현실과 완전히 동떨어져 불안정한 상태로 자긍심을 발전시켜 나갈 수도 있다. 그래서 아이는 눈멀고 무관심한 주변 환경이 핍박을 가해 온다고 생각해, 그 앞에서 반항심을 느끼게 마련이다.

일부 정신분석학자들에 따르면, 초자아 속에 내면화된 요구들에 대한 복종은 안정감과 쾌락을 확보해 준다. 이런 만족감은, 주변 사람들의 애정의 표시로서 외부 환경으로부터 전해 받는 만족감과 동일선상에 놓일 수도 있다. 내면의 기대에 일치하는 무언가를 실현시켰다는 생각에서 기인한 자긍심이 바로 이런 기분 좋은 인식을 낳는다. 초자아가 공정하다면, 과업을 이룩했다는 느낌이나 중요한 인물들의 기대에 부응해 일을 잘 처리했다는 느낌이 좋은 자긍심을 형성한다.

12

가족 시스템의 중요성

자아를 구축하는 데에는 수많은 요인들이 작용한다. 대부분 무의식적인 인지들에 기초한 내면의 구축물들이 있는가 하면, 존재감과 가치감을 전해 주는 여러 관계를 아이가 어떤 방식으로 경험하느냐 하는 문제가 맞물린다. 앞서 보았듯이 특별히 부모가 자신의 상상 속에서 투사한 것들이 상당 부분 아이의 자아 형성에 끼어든다.

가족 시스템이라는 현실 또한 그 구성원인 아이의 자아와 자긍심 형성에 기여한다. 가족사에 기재되어 있는 방식이 아이의 자긍심을 크게 결정짓는다.

예를 들면 어떤 경우에는 아이의 성(性)이 부정적 혹은 긍정적 방식으로 중요한 역할을 담당한다. 의식적이든 그렇지 않든 부모가 어떤 이유로 아들을 원하고 또 태어난 아이가 남자아이라면, 부모의 만족이라는 점에서 아이는 유리한 상황에 놓인다. 이렇게 해서 '미리부터' 아이가 좋은 자긍심을 갖는 데 도움이 된다. 한편 부모의 기대가 분명히 명시될 경우, 보통 이 기대는 아이에게 투사된 이상이라는 차원에서 깊은 무의식적 동기와 강력한 필요성에 상응한다.

아이는 아버지의 일을 물려받을, 혹은 장애인이거나 죽은 형을 대신할 아들이 되어야 하는 것이다. 애초에 아이를 수락하는 데, 따라서 아이가 자아를 구축하는 데 도움이 되는 듯싶었던 것이 견딜 수 없는 무엇이 되어 버릴 수도 있다.

때로는 단번에 기대를 무너뜨리는 것이 더 쉽다. 처음에 거부 반응에 부딪치는 한이 있더라도. 예컨대 '고작' 딸로 태어나는 잘못을 범한 아이에게 그렇게 해서 차후 가족 시나리오로부터 비교적 독립된 고유한 자아를 구축할 수 있는 가능성이 주어지는 것이다.

현재 3세인 뤼도빅의 경우가 그렇다. 임신 기간중 버림받은 어머니는 꼭 딸을 낳았으면 했다. 아들을 통해 남성의 이미지와 대면하는 게 싫어서, 또 어린 딸에게서 자신의 모습을 찾기 위한 바람에서였다. 따라서 출산 후 어머니는 무척 실망했으나 아이에게 남성다운 면만 있는 것은 아니라는 사실을 차츰 발견하게 된다. 또 어머니가 기대했던 나르시시즘적인 균형을 뤼도빅은 제공하지 않았고, 결국 자기 고유의 자아를 구축할 수 있게 되었다. 딸이었다면 어머니는 숨막히는 자기 투사의 기대로 아이를 질식시킬 수도 있었겠지만, 뤼도빅은 어머니의 기대를 벗어나 자신만의 개성을 발전시켜 나가게 된 것이다.

형제자매들 속에서의 자리

아이의 자긍심이 정착되기 위해서는 형제자매들 속에서의 자리 역시 결정적인 역할을 담당한다. 맏아이에 대한 부모의 기대는 매우 강하게 마련이다. 따라서 맏이는 자신 앞에 투사된 이상에 도달하기 위해 힘겨운 상황에 놓이곤 한다.

그러나 동생이 생기면 이런 중압감에서 벗어날 수 있다. 간혹 이 새로운 탄생이 야기하는 질투심이 아이의 자긍심에 영향을 미칠 수도 있지만 말이다.

여동생이 태어났을 때 8세였던 프레데릭은 자기가 부모를 실망시켰다고 오랫동안 상상했다. 자신이 부모를 충분히 행복하게 해주지 못해서 마침내 부모가 다른 아이를 낳기로 결심한 것이라고 믿으면서…….

이런 격렬한 자기 비하는 물론 아기에 대한 질투심에서 생겨났다. 그러나 이 질투심을 그 자신이 인정할 수 없었으므로 공격의 화살이 자기한테로 돌아간 것이다.

그러나 결국은 아기가 그렇게 위협적인 존재가 아님을 알고, 아기에 대한 책임감을 느끼면서 프레데릭은 자기애를 회복할 수 있었다. 또 가족 안에서 아주 만족할 만한 새로운 자리를 발견할 수도 있게 되었다.

그런데 맏이가 부모의 무의식적인 기대를 충족시키지 못할 경우 종종 그 기대가 둘째에게로 쏠리게 된다. 그래서 기대를 짊어질 수 있다고 여겨지는 동생에게 모든 것이 전가된다. 맏이가 실패한 부분에서 부모가 나르시시즘을 회복할 수 있는 가능성이 맏이에게서 동생에게로 이전되는 것이다.

동생한테로 가치 부여가 전가될 경우, 맏이는 애초에 부모가 자신에게 투사했던 생각에서 멀어져 개인적인 이상과 일치하는 더 진정한 자아를 구축할 수 있게 된다. 이렇게 여동생 혹은 남동생이 태어남으로써 맏이는 무의식적인 부모의 요구로부터 비교적 자유로운 자아를 형성해 나가기도 한다.

질 투

자녀들에 대한 부모의 기대라는 중압감이 다른 자녀의 출생으로 덜어진다고 해도, 그보다 '앞서 태어난' 자녀들의 자긍심을 두고 볼 때 모든 것이 그리 간단하지마는 않다.

> 7세인 마리-로르는 남동생 때문에 느끼는 불편한 점들을 엄마에게 말한다. 5.5세의 에티엔이 늘 우선시된다고 여겨지는 것이다. 동생이 태어났을 때 마리-로르는 자기는 이제 쓸모없어졌다고, 아무도 자기한테 관심을 갖지 않으리라고 믿었던 일을 기억한다.
>
> 에티엔의 출생 당시 마리-로르가 고통을 드러내거나 특별한 증상을 보이지는 않았어도, 맏이로서 매우 힘들었던 게 사실이다.

이 사례를 통해 분명히 알 수 있는 것은, 자신에게 부여하는 가치가 동생의 출생으로 직접적인 영향을 받았다는 사실이다. 의식적이든 아니든, 맏이는 자신의 정체성이 흔들린다는 위협을 항상 느낀다.

> 마리-로르의 어머니는 딸에게 다음과 같이 설명해 줄 수 있었다. 즉 마리-로르 자신이 동생에 비해 먼저 한 것이 있지 않느냐고, 집안의 장녀는 마리-로르가 아니냐고. 그렇기 때문에 한동안은 부모를 독차지하지 않았느냐고, 그건 동생에겐 단 하루도 가능한 것이 아니었다고 말이다.

동생의 탄생으로 인해 맏이의 생활이 큰 동요를 겪는 것은 사실이다. 두 아이의 연령차가 3-6세일 경우에 더욱 그렇다. 연령차가 그보다 작을 경우에는 보통 사소한 생활의 변화가 있을 따름이다. 집안의 아기 둘이 거의 비슷한 보살핌을 받으며, 맏이 역시 부모와 아이, 이렇게 세 명으로 이루어진 가족 구조 속에서 진정으로 정착될 시간을 갖지 못한 상태이다. 반대로 연령차가 더 클 경우 맏이는 새로 태어난 동생을 위협으로 생각하지 않는다. 맏이가 차지하는 자리가 충분히 다져지고 공고해졌기 때문이다. 맏이가 9,10세라면 전혀 영향을 받지 않는다. 그가 할 수 있는 것이 새로 태어난 아기가 할 수 있는 것들과 무관할 뿐 아니라, 아기에게 필요한 보살핌이 그 자신에게는 거의 필요치 않기 때문이다. 물론 부모로부터 전과 같은 관심과 애정을 어떤 식으로든 계속 받을 수 있다는 전제하에서의 이야기다. 그런가 하면 그가 자청하고, 또 지나친 부담을 떠맡지 않는다는 조건에서 종종 동생의 교육에도 관여하게 된다. 이런 새로운 책임 덕분에 자신감이 커지고 부모의 신뢰까지 얻는다.

둘째아이들의 자긍심 또한 가족 시스템 속에 뒤얽혀 들어가 있다. 둘째아이는 어찌 보면 맏이보다 훨씬 많은 여건들을 고려하여 정체성을 구축해야 한다. 사실 맏이에게는 자신의 위치와 성공 분야에 대한 훨씬 넓은 선택의 폭이 주어진다. 맏이가 보다 큰 자유를 누린다는 사실은 의심의 여지가 없다. 부모의 투사〔대상과의 동일화를 의미하는 정신분석학의 용어〕로 인해 자율적인 자아의 구축이 복잡해질 수는 있지만 말이다.

둘째아이의 경우, 그는 자기 앞에 놓인 것들을 갖고 시작한다. 자아를 구축하기 위해 막내는 종종 자신만의 길을 선택해야 한다. 맏이가 이미 몰두했었던 영역에는 등을 돌릴 각오를 하고. 맏이는 매우 사교적이어서 같은 연령의 아이들과 쉽게 사귀는 반면, 둘째아이는 아직 타인에 의해 '점령당하지' 않은 영역에 관심을 가지며 훨씬 내성적인 태도——예를 들면 보다 학구적인 태도——를 취하게 되는 것도 이 때문이다. 떠들썩한 맏이에 비해 둘째아이는 가정에서 '얌전한 아이'가 될 수도 있다. 맏이가 특별히 학업에 열중한다면, 둘째아이는 예체능 분야에 몰두하거나 한다.

동성(同性)의 두 자녀가 비슷한 연령이라면——세 살 미만의 차이로——자기 자리를 찾기 위한 경쟁이 한층 치열하다. 특히 가족 구성원이 거기서 멈출 경우에 그렇다. 두 아이가 완전히 반대 방향으로 성장하여 양극화된 성향을 띠는 것을 자주 보게 된다. 자신의 자아를 구축해야 하기에 이 아이들은 동류가 될 수 없으며, 형제자매와 구별되지 않고도 존재할 수 있다고는 상상할 수 없는 것이다.

그들이 미처 생각지 못한 단 하나의 불가피한 공통점은 동성이라는 것으로서, 그들은 서로의 영향을 받으며 성장한다. 하지만 상대방의 영역을 침범하지 않으려고 노력하므로, 때로 부모는 서로 너무도 다른 그들이 정말로 형제 혹은 자매인지 의심할 지경에 이른다. 이들의 성장 조건인 '다름'을 강조하는 분위기를 일부 아이들은 대부분 무의식적인 방식으로 일찌감치 감지한다. 이 분위기는 그들에게 자아의 온전성을 위해 필요한 것으로 비친다.

분명 경쟁의 양상을 띨 수도 있는 기질상의 차이는 부차적인 사항들에 있어서 아이가 자라면서 점차 희미해진다. 무엇보다 긍정적인 자긍심을 갖게 됨으로써 가족 내에서 그들의 위치가 보다 확고해지는 것이다.

가족의 변화

아이에게 뚜렷한 현실로 다가오는 가족의 변화는 첨가 혹은 제거의 양상을 띤다. 가장 분명하고도 직접적인 첨가는 또 다른 아이의 탄생이다. 때로 강한 질투로 말미암은 고통으로 자아 구축의 방법이 새롭게 규정된다.

이혼으로 인해 가정이 재구성될 경우, 박탈 다음에 첨가가 이루어질 수도 있다. 그러나 맨 먼저 아이가 보게 되는 것은 결핍과 부분적으로 '모자라는 것,' 그리고 이같은 가족 구성원 변경의 이유들이다.

부모가 이혼할 경우, 새 아기의 탄생 때와 똑같은 질문이 아이에게 생겨날 수 있다. 아이 스스로 연루되어 있다고 느끼거나, 심지어 어른들의 일에 책임감을 느끼기도 한다. 이런 예기치 못한 상황 앞에서 때로 부모는 당황한다. 또 떠나는 부모를 붙들지 못한 것을 두고 아이의 자아 개념이 큰 상처를 입기도 한다. 그리고 아이와 함께 남게 된 부모, 이혼으로 인해 긍지를 잃게 된 부모와 자신을 동일시할 수도 있다.

잇달아 가족이 재구성되고 양편 부모가 데려온 자녀들이 함께 살게 되면, 각자에게는 정체성의 재규정이라는 문제가 새롭게 제기된다. 여기서 아이의 자긍심이 일관성 있게 유지되려면 아이는 인정받을 필요가 있고, 새 가정의 아이들 사이에서 자신의 위치를 파악해야 한다.

외딸 혹은 외아들

부모가 아이를 하나만 갖기로 결심했는지 여부에 따라 가족 내에서 아이의 위상이 다양해진다. 그러나 외딸 혹은 외아들은 모두 자아 발달에 중요한 영향력을 미치는 어떤 공통점을 지닌다.

부모의 고의적인 선택이든 아니든, 아이는 가정에서 단 한 명의 자녀이다. 부모의 투사, 기대, 아이에게 두는 비중이 엄청나게 커지게 된다. 그러므로 외딸 혹은 외아들은 자신에게 집중된 이 모든 애정의 부담으로부터 어느 정도 자유로운 자아를 구축하기가 몹시 어려워진다.

때로 아이의 출생 때부터 상황이 분명해지기도 한다. 부모가 나이가 많거나 건강이 여의치 않아서 아이를 또 낳을 수 없을 경우 이 아이는 혼자가 된다. 이 아이한테만 애정이 집중되며, 부모를 만족시켜야 할 책임이 주어진다. 그렇다면 이 아이에게 부모를 실망시킬 권리가 있을까? 그럴 수 없을 것이다. 그러나 다른 아이들처럼 이 아이도 시도와 실패를 반복하며 습득해 나가야 하고, 어떤 분야에서는 능력이 떨어질 수도 있다. 다른 형제들이 있어 잘못을 저지른다면 설령 그에게 부족한 점이 보여도 덜 눈에 띄고 무마될 수 있겠지만, 그에게는 그럴 가능성이 주어지지 않는다.

외딸 혹은 외아들은 쉽사리 높은 자아 개념을 갖게 되고, 무의식적인 구속을 느끼며 성장하기에 비교적 엄격한 초자아가 형성되게 마련이다. 요구가 많은 부모로부터 엄한 교육을 받아 이 심적 장치가 조금이라도 자극을 받는다면 웬만해선 자신에 대해 만족하지 못할 것이다. 일단 자아감이 형성된 다음에 훌륭한 자긍심을 갖기도 쉽지 않을 것이다.

이들은 흔히 강한 실현 욕구를 지닌다. 그래서 고독이라는 장애를 극복한다면, 또 부모의 지나친 보호로부터 벗어나 있다면 어렵잖게 독립적인 사람이 될 수 있다.

항상 부모와 함께 식사를 하는 9세의 헤르만에게는 '어린이용 식탁'이 없다. 그래서 헤르만은 일찍부터 어른과 동등하게 식탁에 단정히 앉아 자기 힘으로 먹는 법을 배웠다. 한 식탁에 아이가 둘만 되어도 일어나게 마련인 소란법석이 헤르만과는 무관한 것이었다.
그렇다고 학교 식당에서 친구들과 식사할 때에도 얌전히 남아 있지는 않는다.
일찌감치 헤르만은 때와 장소를 가릴 줄 아는 분별력과 적응력을 갖추게 된 것이다.

외딸 혹은 외아들은 형제가 많은 아이에 비해 더 조숙한 점이 종종 눈에 띈다. 개인적인 발달이 부모의 세계와 조화를 이루는 한편, 친구들과 함께 있으면 여전히 어린아이로 남을 줄도 아는데, 이것은 아이가 적응력을 지녔음을 말해 준다. 하지만 이렇게 외딸 혹은 외아들을 둔 부모는 아이가 작은 어른이 되지 않도록, 또 설령 불편한 점이 있더라도 어린아이다움을 잃지 않도록 신경 써야 한다.

형제자매가 없는 아이들에게서 종종 작은 어른의 모습을 보게 된다. 부모가 이런저런 이유로 동생을 가질 수 없어 이 아이들은 무의식적으로 무거운 짐을 짊어지며, 때로 자아 형성 과정이 복잡 미묘해질 수 있다. 어둠의 영역들로 가득한 뒤죽박죽의 가족사 속에서 어린아이가 어떻게 자기 자신을 찾을 수 있을까? 이 아이들의 자아는 종종 부모의 이상에 부응하려는 욕구로 인해 만신창이가 된다. 아이에게 부모가 나르시시즘의 투사를 가해 올 경우에는 더더욱 그렇다. 이 아이들의 자긍심은 부모의 나르시시즘을 충족시킬 수 있는지 여부에 따라 결정되는 것이 보통이다. 하지만 이런 표면상의 균형은 분명 깨어지기 쉽다. 아이는 작은 실패에도 깊은 상처를 입으며, 자아에 대한 매우 부정적인 경험을 하게 된다.

자녀가 많은 가정

형제자매가 많을 경우에 자아의 발달은 아주 다른 유형의 영향을 받는다.

남다른 위치도 있게 마련이어서, 맏이는 보통 특별한 기대의 대상이 된다. 또 부모와 함께 다른 형제들을 책임지기도 한다. '모범'을 보여야 하는 것도 맏이이며, 나이차가 적은 동생들이 있을 경우 일찍부터 독립적이지 않으면 안 된다.

그렇다고 그밖의 자녀들이 모두 '평범해지는' 것은 아니다. 하지만 형제가 여럿일 경우 흔히 인성 발달을 위한 선택의 폭이 넓어진다. 바로 밑의 동생과 동일한 취급을 받는 것은 괴로운 일이다. 그래서 연령차가 더 많은 형제, 즉 그의 자리를 넘볼 확률이 적은 동생과 친해질 가능성이 더 많다.

형제자매가 많은 가정에서는 애정을 주고받는 관계가 '유동적'이기 쉽다. 어머니와의 관계가 복잡할 경우 관심을 끌지 못하는 어린 동생은 누나를 엄마처럼 생각할 수 있고, 이런 감정이 용인되고 인정받기도 한다.

간혹 이런 가정에서는 소위 말하는 닮음의 법칙이 작용하기도 한다. 기업 문화에서 볼 수 있듯이, 가족 집단의 개념이 강할 때 그렇게 된다. 이 경우 가족 내부에서 '집단적 자아'가 발전하여 때로 개인적 자아를 능가한다. 자긍심은 아이들 저마다의 개성 및 가족의 역학 속에서 개인사와 관련해 형성된다. 그와 동시에 이 집단적 자아——가족에 대한 소속감을 의미하며, 개인의 가치 체계를 변경시킬 수도 있는——와의 밀접한 관계 속에서 형성되기도 한다.

그러나 형제자매가 많을 때 정반대의 효과가 초래되기도 한다. 차별화의 원칙이 우선시되는 것이다. 이런 가정에서는 아이들이 함께 생활하기 위해서는 서로 완전히 달라야 한다는 것이 기본 원칙처럼 보인다. 따라서 아이들은 자기 자신만의 자리를 마련하기 위해 애쓰며, 자아의 실현 양상이 아이들마다 뚜렷이 구별된다.

이때 각자가 자기 고유의 영역을 발견하는 데 성공한다면 저마다 훌륭한 자긍심을 가질 수 있다.

그러나 이 경우에도 부모의 기대가 고려되어야 한다. 한 자녀보다 다른 자녀에게서 부모는 자신들의 이상에 부합하는 성품을 찾아내고 높이 사는 경향이 있을지 모른다. 전자는 자신들과 덜 닮아 있고, 어이없는 행동을 보이기도 하는 것이다.

다섯 명의 형제자매들 사이에서 자란 15세의 카롤은 맏아들이던 오빠가 집에서 가장 중시되었던 사실을 기억한다. 학업 및 직업 선택에 있어 아버지의 바통을 이어받은 것도 오빠였다. 오빠가 특별히 부모의 이상과 일치하고, 부모의 투사에 응했기 때문이었을까? 아니면 아버지의 길을 따라야지 다른 선택은 없다는 생각이 무의식적으로 오빠의 마음속에 자리잡고 있었던 걸까? 실제로 그는 아버지의 가치관을 이어받고 있었고, 거기서 벗어나서는 안 되었다…….

다른 자녀들은 다소 미운 오리새끼 취급을 받았다. 막내 여동생을 제외하고. "여동생은 엄마를 그대로 닮았거든요. 아홉 살인데, 늘 엄마하고 있어요"라고 카롤은 말한다.

다행히 아이들은 현실에 적응하며 각자의 능력을 키워 나갔다. 그들의 집단 정체성은 그리 강하지 않지만, 그래도 가족 속에서 어떻게 처신해야 할지를 알고 있다.

쌍둥이

인문과학에서 종종 볼 수 있듯이, 쌍둥이는 아동의 발달 과정을 이해하는 데 매우 유용한 분석 대상이다.

자긍심을 두고 볼 때 그들은 각자, 그리고 함께 어떤 식으로 발전하는가? 거울 효과가 쌍둥이 아이들에게는 불가피한데, 같은 난자에서 탄생한 일란성쌍둥이일 경우에 더욱 그렇다. 심리 발달 메커니즘에 따라 그들은 동일한 자아를 갖게 되는 것일까? 동시에 태어난 아이들이라서 비슷한 생활사를 갖게 되리라고 생각할 수도 있다.

그러나 사실은 전혀 그렇지 않다. 쌍둥이는 흔히 같은 놀이를 하고 자신들만의 소통 양식을 지니고 친구도 같을 수 있지만, 기질은 다르게 마련이다. 자아 개념 역시 꼭 일치하지는 않는다. 설령 두 아이가 놀랍도록 닮았다고 해도, 신체적인 면을 포함해 상대방과 무조건 동일해지지는 않는다. 이 사실을 다음의 사례가 증명해 준다.

7세의 쌍둥이 형제 마르크와 테오는 아버지 집에서 방학을 보내고 있다. 마르크는 울며 달려와 형이 때렸다고 말한다. 테오에게 이유를 물으니, "넌 정말 못생겼어!"라고 마르크가 놀렸다는 것이다.

두 아이가 그토록 닮았으면서도 서로를 타자로 인식한다는 놀라운 증거이다. 사실 이런 놀림은 자기 얼굴에 침뱉기가 될 수도 있는데 말이다.

그러고 보면 자아감은 쌍둥이 아이들에게조차 매우 개인적인 무엇임을 알 수 있다. 서로 많이 닮은 경우에도 두 아이는 무의식적으로 자신들의 모습이 다르다고 느낄 뿐 아니라, 또 서로 다른 자아와 자기 개념을 갖게 마련이다.

여러 영역 혹은 동일한 행동 분야에서 두 아이는 자긍심을 나누어 가질 수도 있다. 때론 눈에 띄지 않게 섬세한 차이를 보이는데, 쌍둥이 중 한 아이는 '공부를 잘하고' 다른 아이는 '스포츠에 자질이 있다'는 식이다. 또 두 아이의 자긍심은 그 중 한 명이 느끼는 부족감을 보충해 줄 수도 있다.

12세의 앙투안은 방이 말끔히 정돈되고 물건들이 제자리에 있으면 기분이 좋다. 노트 정리도 꼼꼼히 되어 있고, 책장마다 중요한 부분엔 정성스레 밑줄이 그어져 있다. 쌍둥이 형제인 클레망이 종종 숙제를 받아쓰지 않아, 학습장을 챙기는 것도 대개는 앙투안의 몫이다. 클레망은 정돈 따위엔 관심이 없으며, 주위가 좀 '너절해야' 좋아한다. 또 자기만의 방식으로 일을 처리해서 시간을 벌면 아주 으쓱해지는데, 앙투안 역시 그걸 보며 감탄한다.

그들의 체계 속에서는 현실에 서로 다른 방식으로 대처함이 가능하다. 무슨 일에서건 상대방은 두려워하거나 좌절하지 않고 다른 입장을 취할 수 있기 때문이다. 예를 들어 클레망이 일탈적인 행동을 할 수 있는 것은 앙투안이 그들 쌍둥이 형제의 기본적인 안전을 책임지기 때문이다. 앙투안 역시 클레망의 개방성과 대담함에 힘입어 반복되는 일상을 우울하고 무미건조하다고 여기지 않고 적응해 나간다.

실제로 쌍둥이 형제는 유착 관계에 있어 경쟁의 고통을 피해 가며, 서로에 대해 강력한 유대감을 느낌으로써 상대방이 체득한 것들을 동화한다. 네 것이 내 것이므로 질투심은 부재한다. 이처럼 흡족한 자아감을 유지하기 위해 치러야 하는 대가는 종종 상대방과 아주 밀착된 관계에서 살아야 한다는 것이다. 그런데 유착 관계로 인해 각자의 개인적인 자아와 나란히 공동의 자아——닮음의 표지가 두드러질수록 더욱 강한——가 구축됨으로써 두 사람의 소통이 실제로 가능해진다.

쌍둥이 자녀를 기르는 방식에 대한 논쟁이 여기서 싹튼다. 그들을 똑같이 키워야 할지, 아니면 최대한 구별되게 키워야 할지 하는. 아이 자신의 관계맺기 능력으로부터 획득된 고유한 자긍심이 나중에 자라날 수 있도록 개인의 자아를 강화해야 할까? 아니면 반대로 쌍둥이라는 이례적인 상황을 이용하여 부모는 두 아이의 '동일한 점'과 서로에 대한 밀접한 관계, 나아가 비차별화에 역점을 두고 이 비차별화를 강화할 것인가? 이 현실의 양태에 주목해서 닮음을 강조해야 할까? 두 아이를 같은 학급에 넣거나, 옷차림을 같게 해서 말이다.

이런 선택은 이중의 자아를 강화하며, 쌍둥이 아이들에게 소속의 개념과도 아주 밀접한 존재감을 부여한다. 그러나 일부 아이들은 자신의 자아를 완전히 부정하지 않고도 이 특수한 상황을 총명하게 이용한다. 이런 아이들의 자긍심은 대체적으로 좋은 편이다. 무언가 부족한 점이 있을 때 쌍둥이 형제의 자긍심이 보충 역할을 해주기 때문이다. 하지만 그토록 긴밀한 상호 의존 관계 속에서 사는 위험을 무릅써도 좋을까?

교육적 차원에서 전형적인 모범은 없으며, 쌍둥이의 경우도 마찬가지이다. 아이에 대한 존중 및 선택의 자유라는 원칙을 고려하여, 두 아이의 관계가 어떤 방향으로 자연스럽게 흘러가는지 살펴보고 이 관계를 존중하는 것이 좋다. 차별화를 우선시하든지, 아니면 두 아이 각자에게 서로에 대한 동일화 욕구가 기분 좋고 건설적으로 여겨진다면 그것을 수용하든지 간에.

아이들이 스스로 결정할 수 있을 만큼 자랐다면 같은 옷차림을 하고 싶은지 아닌지, 같은 학급에서 공부하고 싶은지 아닌지 직접 의사를 물어보아도 좋다. 혹은 유익한 점들 및 불편한 점들에 대한 논의의 장을 가정에서 마련해 볼 수도 있다. 그러나 결정이 실제로 두 아이 공동의 것인지, 아니면 다른 한 아이의 의사가 무시된 채 한 아이가 결정을 내린 것인지, 부모가 알 수 있어야 한다. 이 순간 '의견의 조합'이 아닌 해결책을 제안하는 것이 부모의 역할이다. 부모가 방심하면 쌍둥이 형제의 자긍심이 실제로 큰 차이를 보이게 되어, 한 아이가 득의양양한 반면 다른 한 아이는 기가 죽을 수도 있다.

10세의 쌍둥이 자매 조엘과 안나의 가정에서는 부모가 자녀들의 의견을 경청함과 동시에 중심을 잡아 주는 역할을 한다.

이런저런 일을 하자고 언니에게 청하는 사람은 언제나 조엘이다. 예를 들면 텔레비전 영화를 보기 전에 함께 잠옷을 입자고 한다든지, 언니가 무엇을 먹는가에 따라 자기가 먹을 간식도 선택하면서…….

쌍둥이 자매 중 더 독립적인 안나는 동생의 요청을 대체적으로 들어 주는 편이다. 물론 조엘이 끈질기게 조른다는 점도 있지만.

때로 부모는 조엘이 더 많은 것을 혼자 결정짓도록 관여한다. 조엘은 언니가 없으면 금세 어쩔 줄 몰라하기 때문이다. 한편 안나는 '늘 자기 뒤를 따라다니는' 조엘을 조금 귀찮게 여기면서도, 동생의 요청을 들어 주지 않으면 왠지 죄책감을 느낀다.

어느 가정에서나 가족 시스템이 분명 큰 영향력을 미친다. 부모와 두 아이로 이루어진 '표준형' 가정도 마찬가지이다. 그러나 곧 특수한 무엇으로 체험될 가족의 상황과 아이가 화해해야 하는 경우 현실의 여건들을 무시할 수는 없다. 아이는 자신만의 내적 요소들 외에도 때론 이 미묘한 현실을 다스려야 한다. 그래도 가정은 저마다 어떤 소중한 뿌리내림을 의미하며, 훌륭한 자긍심이 자라날 수 있는 가능성을 북돋워 준다. 물론 부모의 역할——그리고 그들 가족만의 고유성으로 인식되는 것——이 가장 중요하다. 이 부모의 역할이 무엇보다 아이의 자신감 및 가족의 총체적 움직임 속에서 아이에게 허락된 자리를 결정짓는 것이다.

13

몸에 대한 표상

인간은 물론 정신 구조를 갖지만 또한 몸을 지닌다. 움직이는 몸, 정지한 몸, 또 태어날 때부터 하나의 현실로 존재하는 몸, 이 몸에 대한 표상이 아이의 정신 속에서는 쉽사리 형성되지 못한다. 삶의 첫 시기 동안 우선 그의 몸은 어머니의 몸과 구별되지 않는다.

앞서 보았듯이 자아의 구축은 정신적·인간 관계적 여러 메커니즘의 정착과 관련된다. 언제나 현존하며 사고의 가능성을 지닌 몸 또한 하나의 정체성 및 '신체적 자아'라고 부를 수 있는 자아를 형성토록 해준다. 이 자아는 아이가 탄생하면서부터 단계별로 발전되어 나간다. 일부 발생학자들에 따르면 이런 자아의 형성은 이미 '자궁 내에서' 이루어진다.

이처럼 자아가 정착되는 데 있어 아동의 삶의 몇몇 시기는 결정적으로 중요한 단계라는 사실을 우리는 알게 될 것이다.

거울 속의 아이

자의식은 아이의 연령 및 인간 관계로부터 오는 경험에 따라 차츰 구조화된다. 몸은 자기 이미지 형성에 매우 중요한 역할을 담당한다.

자크 라캉이 묘사한 거울 단계의 중요성에 대해 여러 정신분석학자들이 동의한다. 생후 6-18개월의 어느 한 시기에 아이는 거울 속에서 자신의 모습을 알아보는데, 이것은 모든 아이들에게 적용되는 경험이다. 이런 정신 작용에 따라 아이는 외부 세계에 맞서서 내적인 자아를 구축할 수 있게 된다. 아이는 거울 속에서 자기와 닮은꼴을 식별함으로써 자신의 현실을 인식한다.

거울 속에서 아기를 안고 있는 사람이 자기를 안은 사람과 닮아 있다. 아이는 이 이미지와 자신을 완전히 동일시한다. 보여지는 모습이 자기임을 느끼고 알게 되는 것이다. 아직 동작이 자유롭지 못한 시기에 이미 아이는 상상 속에서 자신의 몸과 하나임을 느낀다.

이런 정신 작용이 이루어지는 순간에는 거울 앞에서 아이를 안고 있는 사람의 존재가 매우 중요하다. 자신이 엄마 품에 안겨 있음을 아는 아이는 거울 속에서 어머니가 안고 있는 아이가 자기임을 안다. 자신의 신체적·정신적 현실을 파악하면서 아이는 어떤 새로운 의식 상태에 접근한다. 이렇게 해서 향후 아이의 정신적·인간 관계적 발달의 기초가 마련된다.

자신의 이미지 구축과 자의식에 있어서 이 거울의 체험은 따라서 어린아이에게 중요한 단계이다. 이같은 자기 인식을 통해 아이는 자신의 신체적 통일성을 발견함과 동시에, 자신이 타인들로부터 분리된 존재라는 사실과 내면의 일관성을 깨닫게 된다.

공간 속에서의 몸

태어나면서부터 아이는 자신의 신체 도식——즉 공간 속에 존재하는 자신의 몸을 인식하는 방법——을 구축해 나가기 시작한다. 이 도식은 아이가 물질적 환경과 상호 관계를 맺으면서 경험하는 것들을 통해 형성된다. 이렇게 실험과 습득을 통해 아이는 공간 속에서 지표들을 취하고 자기 자리를 찾는 동시에 능력의 한계를 고려하게 된다. 발달 과정에서 아이는 앉은 자세를 취하다가 서게 된다. 이것은 자연스런 성장의 결과이지만, 또한 신체 도식의 정착으로 말미암은 것이기도 하다. 아이는 경험을 통해 자신이 어떻게 형성되어 있으며, 예를 들어 걷는 법을 배우려면 무엇을 실천에 옮겨야 할지를 이해하게 된다.

부분적으로 의식적인 이 신체 도식은 특히 아이의 욕구와 연관되어 있다. 따라서 동일한 문화 속의 건강한 두 개인은 유사한 신체 도식을 갖는다. 그와 나란히 프랑수아즈 돌토가 몸의 이미지라고 부른 것, 각자에게 매우 사적인 것이 형성된다.

몸의 이미지

이것은 주로 무의식적이다. 놀이나 그림 등의 매체를 통해 이 이미지의 포착이 가능하더라도 말이다. 실제로 아이는 자신을 구성하는 요소들을 놀이 속에 등장시키거나 그림으로 재현해 내는 경향이 있다. 이 요소들은 아이의 특징을 이룸과 동시에 아이가 자신을 어떻게 체험하는지, 또 어떤 자아감을 가졌는지를 드러낸다.

프랑수아즈 돌토는 한 소녀의 사례를 언급한다. 면담시 혼자 있을 때 이 아이는 큰 화병에 꽂힌 아름다운 꽃다발을 그린다. 그러나 면담시 어머니 곁에 있으면 아주 작은 꽃병에 시든 꽃들을 그려넣는다.

정신분석의는 아이와 대화를 나눈 뒤 이 두 그림은 몸의 이미지, 신체적 자아를 의미한다는 사실을 확인케 되었다. 이것이 어머니가 곁에 있는지 여부에 따라 다르게 느껴지고 표현된 것이다.

말하자면 이 아이는 심리치료사인 프랑수아즈 돌토와 단둘이 있을 때에는 자신을 밝고 아름다운 아이로 느꼈다. 하지만 어머니와 함께 있으면 자신을 비참하고 초라한 이미지로밖에 느낄 수 없었는데, 이것은 무엇보다 미약한 자긍심을 의미했다.

여기서 몸의 이미지는 욕구와 표현의 원천으로서, 아이의 이미지화된 표상이다. 어린아이들과 함께 지내노라면 그들의 정서적 경험과 인간 관계의 체험이 몸의 이미지를 구성한다는 사실을 확인케 된다. 어린아이들의 첫 그림에서 태아의 표상을 읽어낸 올리비에와 바렌카 마르크 같은 저자들에 따르면, 이 몸의 이미지는 아이의 탄생 이전에 이미 존재했을 수도 있다. 자아감은 이 몸의 이미지 속에 뿌리내리며, '나'라고 말할 수 있기도 전에 아이는 이미 몸의 이미지를 통해 주체로 존재함을 느낀다.

아이의 그림 속에 나타난 자아

꿈, 그림, 놀이는 아이가 자아를 표현하는 데 있어 탁월한 표현 양식들이다. 이것들을 통해 심리치료사는 아이가 맺고 있는 인간 관계의 상황과 정서적 상태 및 자아 형상을 판단할 수 있다.

아이들은 종종 자신들이 꾸는 꿈을 무서워한다. 꿈속에서 일어나는 일이 정말로 일어난다고 오랫동안 믿기 때문이다. 이 꿈을, 특별히 악몽을 이야기할 수 있게 되었을 때 아이들은 자신들의 '자아'를 어느 정도 인식하기 시작한 것이다.

아이들이 자신들의 정서적 체험을 말로 분명히 표현할 수 있기 전에는 그림이 중요한 표현 수단이다. 정확히 놀이와 단어 사이에 위치한 이 수단은 아이가 선(線)을 통한 상징화의 첫 단계로 들어설 수 있도록 한다. 몸과 사고 사이의 도구인 그림은 이 둘 사이에 일어나는 일을 볼 수 있게끔 해준다.

뿐만 아니라 말은 사라지는 반면, 지속성을 띠는 그림은 지속적인 자아감을 형성하고 증명한다. (놀이 역시 아이들이 '다음번을 약속할 때' 지속성을 띤다.) 그림은 이미 구축된 나르시시즘을 드러낸다. 요컨대 누군가를 위해 그림을 그린다는 것은 아이가 자신의 작품을 타인에게 보일 수 있음을 의미한다. 이렇게 아이의 자아감은 일찍부터 표출된다.

아이가 자신의 그림에 항상 흡족해하는가, 아니면 무턱대고 비난하며 구겨 버리거나 내다 버리기까지 하는가? 여기서 우리는 적어도 아이가 불만스러운 것을 앞에 두고 우리의 반응을 살피는 방식에 대한 실마리를 얻는다. 그러나 자신이 그린 그림에 대한 아이의 이같은 반응을 늘 액면 그대로 받아들여서는 안 된다. 그보다는 아이가 그림을 그렸을 당시 처한 상황 및 주변 인물들을 포함한 맥락 속에서 이해해야 한다.

자신의 그림이 좋다고 아이가 지나치게 주장할 경우, 실제로는 자긍심이 그다지 안정되지 못하고, 따라서 타인의 눈길 앞에서 끈질기게 자기 만족을 과시하는 것일 수도 있다. 자기 작품을 비난하는 아이가 어쩌면 더한층 자기 확신을 가졌을 수도 있다. (운 나쁘게도 타인이 자신의 의견에 동의할지도 모르는 위험을 감수해야 할 테니까.) 또한 지나친 좌절감을 느끼지 않고 자신의 몇몇 한계를 받아들이며, 자기 작품의 불완전한 성격을 인정할 수도 있다.

따라서 아이의 그림에 대한 견해를 피력할 때에는 아이가 그림을 그릴 때 무슨 일이 일어나고 있는지, 자기 그림을 두고 아이가 무어라 말하는지 고려해야 한다. 이 그림들은 아이의 자아 및 그의 자기 이미지에 대한 정보를 제공해 주지만, 그렇더라도 성급한 결론은

금물이다. 가정이나 학교에서 아이가 그린 그림을 두고 부모가 심
리치료사로 자처하고 해석하려 들어서는 안 된다는 말이다!

III

아이가 자신감을 갖도록 도와 주기

　자긍심은 사회적인 능력으로서, 태어나면서부터 주어지는 것이 아니다. 그것은 아이가 주변 환경과 맺는 상호 관계 및 아이 자신이 체험하는 사건들을 수용하는 방식에 따라 구축된다. 나이에 따라 여러 단계가 이어지지만, 자긍심 형성에 있어 같은 역할을 해내는 것은 아니다. 부모는 여러 관련된 메커니즘을 고려하면서 아이가 일찍부터 훌륭한 자긍심을 형성하도록 도와 주어야 한다.

14

기본적인 안정감에서
좋은 자기 이미지로

어린아이의 삶은 쉽지 않다……. 태어나기 전부터 부모가 아이를 두고 세우는 계획이 미래의 토양을 마련한다. 이렇게 해서 아이는 나중에 훌륭한 자긍심을 갖거나 그렇지 못한 사람이 된다. 가혹한 운명에 체념한 부모를 두고 불안정한 환경에서 태어난 아이, 삶에서 그다지 유리한 패를 소유하지 못했다고 느끼는 아이는 아마도 무력감과 미약한 가치 의식을 갖게 될 것이다. 또 '실수'로 낳았다는 말을 늘상 듣는 아이는 무슨 생각을 할까? 나중에 부모가 신경을 써서 이 '실수'의 개념을 바로잡아 주지 않는다면 어떻게 이 아이들이 자긍심을 구축할 수 있을까?

구체적으로 말해, 아이는 탄생하면서부터 자긍심을 형성해 가기 시작한다. 이 개념은 처음에 아주 모호하여 기초를 놓는 일이 관건이지만 7,8세경에는 분명히 파악되고 인식될 수 있는 자긍심이 생겨난다.

어른의 도움을 받아 어린아이는 신체적·인간 관계적 차원에서 안전을 확보하며, 주변의 아이들 및 어른들과 관련해 자신의 정체성을 구축하고 자기 이미지를 발전시켜 나간다. 아이는 또한 자신이 무언가 할 수 있음을 느끼고 성취의 개념을 자기 것으로 삼는다. 아이가 자랐을 때 이 모든 획득물이 아이의 자긍심을 구성하는 요소가 된다.

기반을 구축하기

■ 안아 주기의 중요성

몸은 인간에 대한 탐구와 인식에 있어 첫번째 영역이다. 몸이 영양을 공급받고 어루만져질 때 아이는 긍정적 혹은 부정적인 느낌과 감정을 가지며 점차 자신을 구축해 나갈 수 있게 된다.

아이가 자신의 위치와 능력을 인식하려면 안정감이 몹시 중요하다. 이 안정감은 생후 첫 수개월 동안 몸이라는 매체 속에 확고히 정착된다.

소아과 의사이자 정신분석학자인 도널드 위니코트가 증명했듯이, 아이를 '안아 준다'는 것은 어린아이의 내적 안정감을 형성하는 중요한 요소이다. 아이를 품에 안고 달래며 애무할 때 이 아이는 보호받는다는 느낌을 가지며, 좌절감을 극복하고 두려움을 다스릴 수 있게 된다. 아이는 자신이 받아들여지고 사랑받는다고 느끼는 것이다. 이러한 제스처와 함께 아이에게 말을 거는 것 또한 중요하다.

■ 기본 욕구를 인식하기

어린아이는 여러 가지 이유로 울거나 기분이 상할 수 있다. 그럴 땐 경험이 없는 부모나, 심지어 자신 있는 부모조차도 갈피를 잡기가 어려워진다. 그렇긴 해도 어린아이가 드러내는 여러 감정 상태에 대한 개방적인 태도와 주의 깊은 관찰을 통해 기본 욕구에 해당하는 몇몇 반응을 확인하는 것이 가능해진다.

이 기본 욕구들은 몇 가지로 그룹지어질 수 있다. 안기고 싶은 욕구, 빨고 싶은 욕구, 배고픔, 졸음, 누군가와 함께 있으려는——말이 수반되거나 그렇지 않거나 간에——욕구 등.

배고픔과 졸음 같은 일부 욕구는 생명 유지에 필수적인 생리적 욕구이지만, 다른 욕구들도 심리적·애정적 차원의 균형을 유지하기 위해 중요하다.

자신의 욕구가 사람들에게 정확히 인식됨을 확인한 어린아이는, 자기 내부에서 일어나는 일을 느끼고 주변에 알리는 자신의 능력에 대한 신뢰감을 갖게 된다. 이런저런 이유로 욕구의 충족이 연기된다 해도 아이는 자신을 사람들에게 이해시킬 수 있다는 자신감을 갖는다.

말의 중요성

■ 아이의 감정과 행동에 말을 부여하기

언제까지나 아이가 느끼는 감정의 '해설자'로 자처해서는 안 되며, 아이가 스스로를 형성하며 자신이 누구인지를 점점 더 잘 알 수 있도록 도와야 한다. 아이가 행동하거나 감정을 드러내는 순간에 말로 아이와 함께하는 것이 중요하다. 그렇게 하면 아이는 자신이 받아들여짐을 느낀다. 분노나 이별의 고통 등, 다스리기 어려운 감정 표출에 있어서조차 말이다.

아이의 행동에 말을 부여할 때 아이는 총체적인 움직임을 성공적으로 수행하고 자신의 한계를 이해하는 데 필요한 지표들을 갖게 된다. 아이는 점차 사물과 행위에 말을 연결지으며, 보다 확고하게 자신의 정체성을 발견하게 된다. 더 이상 아이는 감정적으로나 정서적으로 완전히 무질서한 존재도, 일관성 없이 행동하는 존재도 아니다. 자신의 행위에 말이 부여됨으로써 아이는 자아와 자신이 할 수 있는 것들에 대해 깨닫는다.

■ 가정을 세우기

아주 어린 연령의 아이에게도 말을 거는 것은 매우 중요하다. 물론 아이에게 어떤 유형의 말을 걸지 구분할 줄 알아야 하지만.

아이가 이해받는다고 느끼는 좋은 의사소통을 하려면 아이에게 말을 거는 것만으로는 충분치 않다. 요컨대 아이를 주눅들게 하고, 무력감으로 꼼짝할 수 없도록 만드는 말도 있으니까. 또 부모가 결정지은 방향으로만 움직이도록 하고, 아이 자신의 욕구를 무시한 말도 있다.

그러나 말은 여러 가지 방법을 통해 아이에게 감정을 전달할 수 있다.

부모가 '나'라고 말한다고 해서, 아이에게 아이 자신의 것이 아닌 욕구를 부여해 맞설 위험은 없다. 아이에게 일어나는 일을 이해하려고 노력할 때, 우리로선 이해할 수 없는 행동의 원인을 억지 상상하기보다는 몇 가지 가정을 세우는 편이 낫다. 그리하여 여러 제시된 가정들 가운데 선택할 수 있는 더 큰 자유가 아이에게 남겨진다. 동시에 아이의 개성을 두고 볼 때에도 아이에게 운신의 폭이 넓어진다. "엄마는 알아. 아무튼 알려고 노력해. 하지만 날 한 가지 관점에서만 해석하려 들지는 않아. 만약 그렇지 않다면 난 다른 사람들에게 날 이해시키는 능력을 시험해 볼 수 없을 텐데 말이야"라고 아이는 생각할 것이다.

생후 10개월의 딸 엘로디가 울자 미셸이 말한다. "배가 고픈 게로구나. 우유를 타 줄게. 그러면 울음을 멈추겠지."

그러나 엘로디는 젖병을 빨려 하지 않고 더 큰 소리로 운다.

"정말 고약한 성미구나! 배가 고프대서 우유를 줬는데 먹지 않겠다니! 게다가 울기까지 해! 더 이상 나도 모르겠다. 짜증만 내면서 이제 자기 우유도 못 먹는구나!"

여기서는 아이의 감정 표출에 대해 단정만이 뒤따른다. 이 어머니
는 분명 주의 깊은 태도를 취하고 있다. 아이가 불편해하는 것을 알
고 해결책을 찾기 때문이다. 그러나 이 어머니가 택한 해결책은 통
하지 않는다. 그럼에도 불구하고 엘로디 앞에서 어머니는 단정적인
태도로 임한다. 아이의 욕구에 관해 어머니로서 추정한 바에 의문
을 제기하지 않는 것이다. 자신은 '안다'고 믿으니까.

> 30세의 로랑은 생후 11개월의 딸 마린을 돌보는데, 마린은 먹기
> 를 거부하고 울기 시작한다. "오늘 뭐가 잘못된 거냐? 아침에도
> 별로 먹지 않았는데 여전히 먹으려 들지 않으니. 혹시 너무 피곤
> 한 건 아닐까? 아니면 어디가 아픈 거니? 요즘 자꾸 뭘 물어뜯는
> 걸 보면 이가 나오려는 건지도 모르지. 어떻게 널 도울 수 있을지
> 모르겠구나!"
>
> 마린은 울음을 조금 멈추었다가, 로랑이 우유병을 옆으로 치우
> 자 아주 조용해진다. 그리고 아빠의 품에 자신을 맡기고 평안한
> 모습을 되찾는다.

왜 마린이 먹으려 하지 않는지 아버지가 정말로 알지는 못한다.
그러나 아버지는 여러 가능성을 열거함으로써 아이가 자신을 추스
릴 수 있도록 했다. 또 아이를 '탓하지' 않고 마린의 거부를 눈감아
주기도 했다. 계속 의문을 제기하고 자신이 느낀 바를 이야기하면

서 말이다.

마린은 아버지가 자기를 믿는 것을 안다. 아버지는 마린이 자신의 욕구를 알고 표현하도록 내버려둔다. 그 욕구를 억압하거나 마음대로 하려 들지 않았다.

독립성을 기르기

■ 신뢰하기

현실의 위험으로부터 어린아이는 보호받아야 함과 동시에 안전하다는 느낌을 가질 수 있어야 한다. 하지만 과잉보호는 아이가 자신의 능력을 헤아릴 수 없도록 막는 한편, 개인적인 성취감을 맛볼 수도 없게 한다.

따라서 이런 아이들은 보고 그릴 모델이 없거나 누가 손을 잡아주지 않으면 3,4세가 되어도 그림을 그리지 못한다. 그림을 그리는데 무슨 위험을 무릅써야 하는 것도 아니지만, 아이들은 자신에게 능력이 있다는 생각을 못한다. 혼자서도 무언가를 할 수 있다는 사실을 독자적으로 충분히 체험하지 못했기 때문이다.

■ 가치를 부여하기

부모는 아이가 태어나면서부터 지닌 여러 능력을 찾아내고 명확히 인식해야 한다. 앞서 보았듯이 아이는 습득 과정에서 시도와 실수를 반복하며 성공에 이르기 위해 수차례의 과오를 범하게 된다. 그렇다면 아이가 매번 성공을 거둘 때마다 그것을 의미심장한 진전으로서 강조할 필요가 있다.

실수는 실패가 아니며, 과오는 더더욱 아니다. 어린 시절 이미 아이가 실수를 실패로 여기지 않는 법을 배운다면, 아이는 결과를 두려워하지 않고 무언가를 감행할 수 있을 것이다.

아이가 반드시 단번에 목표에 이를 수 있는 것은 아니라는 사실을 부모가 받아들인다면 아이는 자신이 무언가 해낼 수 있다고 느낀다.

아이의 자신감을 높이고 가치 의식을 길러 주려면 칭찬이 매우 중요하다. 무슨 일을 성취했거나 훌륭히 적응해 내었을 때 칭찬을 해 준다고 아이를 버릇없거나 '건방지게' 만들지는 않는다.

2세인 킴의 부모는 탁아소의 심리상담자와 면담을 가졌다. 풀이 죽은 킴의 태도 때문에 탁아소 편에서 걱정이 되었던 것이다. 킴은 예능 활동에 거의 참여하지 않았고, 다른 아이들과 함께 운동을 하려고 들지도 않았다. 집짓기 놀이를 할 때에도 어른에게서 시선을 떼지 않고 반응을 살피는 것 같았다.

그런데 킴의 부모는 딸에게 '마음에 들지 않는' 점만 지적한다는 사실이 면담을 통해 곧 드러났다. 부모는 킴에게 무언가를 요구하거나, 위험을 알리거나, 어떤 행동을 못하게 하거나, 꾸짖기 위해서만 말을 걸었던 것이다.

"마음에 들면 아무 말도 안해요. 마음에 드는데 그럴 필요가 뭐

있겠어요. 아이도 알고 있는데"라고 어머니는 말한다.

"아이도 내가 뭘 기대하는지 알아요. 또 자기가 그걸 해내면 내가 만족해한다는 것도 알고요."

한편 아버지는 이렇게 말한다. "아직 어려서 칭찬을 이해하지 못합니다. 또 아이들에게 바람직하지도 않고. 아이들을 건방지게 만들 수 있거든요."

여기서 우리는 특수한 언어 사용의 예를 들 수 있다. 정보를 제공하고 가로막고 벌할 목적을 지닌, 그리고 최선의 경우 중립을 유지하며 최악의 경우 비난의 효과를 가져오는 말하기이다. 그런데 아이가 이룩한 긍정적인 일들의 내면화가 저절로 이루어지는 것은 아니다. 특별히 아이가 아주 어릴 때에는 부모가 주된 증인의 역할을 맡는다. 즉 분명히 인정하여 줌으로써 아이가 자기 자신에 대해 좋은 인상을 굳힐 수 있도록 돕는 것이다.

타인의 시선은 버팀대로서 아이에게 가치 의식을 심어 준다. 용기를 북돋워 주는 부모는 아이로 하여금 더 잘하려는 욕구가 생겨 점차 자신감을 갖도록 한다.

아이의 자신감은 흔히 아이의 능력에 대한 부모의 확신을 반영한다. 부모가 신뢰하지 않는 아이는 그렇게 손상된 기반에서 출발하기에 자라나며 훌륭한 자긍심을 구축하기가 몹시 힘들어진다.

그런가 하면 자긍심은 다양한 원천으로부터 형성되는 것이기에, 부모가 진심으로 아이를 신뢰하고 격려하고 칭찬할지라도 아이 속에 자리잡는 이 신뢰만으로 반드시 훌륭한 자긍심을 갖게 되지는 않는다. 또 부모가 자식의 능력을 믿는 듯이 보여도 문제의 핵심이 분명치 않다면 아이의 내면에 제대로 된 자긍심이 자리잡을 수 없게 된다.

뤼시아는 4세이다. 이 여자아이는 끊임없이 자신을 비난하며, 학교에서든 집에서든 무슨 실수를 하면 무턱대고 자신을 탓한다. 이런 태도를 의아하게 여긴 여교사는 뤼시아의 부모에게 교육상담사를 찾아가 보도록 권했다.

부모는 뤼시아의 이런 자기 비판적 태도도, 끊임없는 죄책감도 이해할 수 없다. 딸이 잘한 것이 있으면 꼭 칭찬해 주는 자상한 부모의 역할을 다해 왔기 때문이다.

"그렇게 생각하는 건 아마도 여성다운 성격 때문이겠지요!"라고 어머니는 말한다. 그러나 면담 과정에서 이 어머니는 아들을 절대적으로 원하는 가정에서 태어났다는 사실이 밝혀졌다. 뤼시아의 외할아버지는 스포츠나 강도 높은 일을 해낼 수 있는 남자를 여자보다 더 '우위에' 두었다. 뤼시아의 어머니도 여성으로서 자긍심이 미약하여 무의식적으로 딸을 폄훼했으며, 그녀 자신의 아버지처럼 딸을 무력감 속에 가두어두었다.

그러나 수차례 면담이 있은 뒤 이 어머니도 마침내 여성으로서 자기 자신의 가치를 새롭게 인식하고, 뤼시아도 죄의식이나 결핍감을 느끼지 않게 되었다.

■ 발견을 부추기기

현실적인 위험들로부터 아이를 보호하면서도 부모는 아이가 자신의 능력을 개발할 수 있도록 운신의 폭을 남겨두는 것이 좋다.

그리고 일단 연령에 따른 능력이 측정되면 아이를 신뢰하고, 아이가 자신의 주변 환경을 체험하도록 내버려두어야 한다.

아이가 무슨 일을 조금씩 성취해 감에 따라 이런 부모의 신뢰는 아이로 하여금 자신감을 갖도록 하며, 이것은 자긍심을 구축하는 데 무시할 수 없는 전제가 된다.

아이의 능력을 신뢰한다는 것은 아이가 행하고 이해할 수 있는 바를 정확히 측정함을 의미한다. 즉 아이의 발견을 부추길 때에는 아이가 속한 발달 단계와 신체 능력을 고려해야 한다.

실제로 지나치게 많은 것을 하려고 해서는 안 된다. 너무 많은 것을 제시하면 아이를 불안에 빠뜨리거나 지속적인 결핍감을 야기할 수도 있으니까. 아이에게 제시되는 것이 연령상 늘 힘에 부칠 수도 있기 때문이다. 지나친 고무는 용기를 꺾거나 스트레스를 줄 수 있고, 아이가 다른 이들로부터 아이디어를 기대하는 데 습관이 들게 할 수도 있다. 아이는 자신의 생각을 발전시키는 대신 다른 사람들의 욕구에 맞추어 가야 한다는 느낌을 갖게 될 것이다.

사회화를 돕기

다른 이들로부터 존중받기, 집단 내에서 자기 위치를 찾기, 이것들은 인간 관계적 차원에서 자긍심을 정착시키게 될 사회적 요인들이다. 갓난아이나 어린아이가 이타적인 경우는 매우 드물다. 생후 수개월 동안 아이는 주로 자기 중심주의적 방식으로 세상과 관계한다.

그러나 아이가 어떤 단체 속에 통합되고 다양성 및 사회적 작동 규칙들을 받아들이도록 하면서, 부모는 아이가 자신의 '사회 관계적' 가치를 깨닫도록 돕는다.

탁아소의 5,6세 아동들은 여전히 매우 자기 중심적이지만 늘 소규모의 집단적 사건들에 흥미를 갖는다.

> 3세인 캥탱의 생일날, 아이들은 저마다 캥탱에게 그림을 선물했고, 캥탱이 케이크의 촛불을 불어 껐을 땐 박수를 쳤다. 캥탱은 이 잔치의 왕이 되어 아주 으쓱했다고 어머니는 말한다. 다른 사람들로부터 인정받는다고 느끼면서 캥탱은 동년배들 사이에서 자신의 가치를 발견하게 된 것이다.

양질의 사회적 접촉을 가질수록 아이에게는 자신이 존중받음을 느낄 기회가 주어지며, 다른 사람들이 자신을 어떻게 생각하는지 들을 기회도 생긴다. 이렇게 해서 아이는 개성을 형성할 수 있게 된다.

사회적인 적응 방식이 잇달아 이런 여러 경험들로 풍부해지며, 아

이가 자신의 주변 환경을 시험해 보고 새로운 지표들을 확립할 수
있는 기회도 많아진다.

<h1 style="text-align:center">15</h1>

<h1 style="text-align:center">5세에서 11세까지:
자긍심을 정착시키기</h1>

바로 이 시기 동안 아이에게는 자기 자신을 보는 시각이 생기며, 따라서 실질적으로 자긍심을 갖기 시작한다. 이미 수년 전부터 자긍심 구축의 기초가 마련되지만, 앞서 보았듯이 갓난아이나 어린아이의 경우 주안점은 자신감을 갖는 것과 자신의 욕구가 타인들에게 인식되고 받아들여짐을 느끼는 것이었다. 그러나 5,6세부터 아이는 보다 총체적이고 종합적인 자기 표현 능력을 가지면서 흔히 말하는 자신만의 개성을 의식한다. 그리고 직접적인 외부 경험 및 사람들이 그에 대해 말하는 것에 민감해진다. "다른 사람들이 보기에 나는 누구인가?"라는 문제에 이제 접근하게 되는 것이다.

타인들의 영향

친지들의 범위가 넓어지는데, 이것은 새로운 사건이다. 자긍심 획득에 관한 한 어린아이는 주로 부모를 구심점으로 삼고 있었기 때문이다. 5세 혹은 그 이전에, 부모가 함께 있는 시간 및 탁아 시스템을 통해 아이는 개성을 구축해 나가는 데 있어 다른 어른들의 중요성을 발견한다. 조부모가 진정한 대화 상대가 되어 그들의 의견을 구하기도 한다. 아이의 자긍심을 구축하기 위해 흔히는 무조건적인 조부모의 사랑이 특별히 중요한 역할을 맡기도 하는 것이다. 또 정상대로라면 교사가 아이의 삶에서 차츰 중요한 지표로 자리잡으며 자긍심 형성에 기여한다.

> 6.5세인 세바스티앵은 걸핏하면 "선생님이 그러셨는데요"라는 말을 절대 진리처럼 내세워 종종 어머니를 짜증나게 만든다. 세바스티앵은 이 여교사를 맹목적으로 믿어, 그녀에게서 칭찬을 듣거나 좋은 점수를 받으면 우스꽝스러울 만큼 뻐긴다. 어른과 이런 사회적·정서적 관계를 맺음으로써 가족 이외의 통로를 통해 자기 이미지를 구축하며, 자신에 대한 평가의 범위를 확대시켜 나가는 것이다.

모든 새로운 관계에서 그렇듯이 아이는 지나치게 열중할 수도 있다. 그러나 수년간의 학교 생활과 교사들을 '체험' 한 뒤에는 '교사'가 그에 대해 말한 것을 상대화시키고, 그가 자기 자신에 대해 실제로 생각하는 것과 구분지을 수 있게 된다. 학교에 관한 한 아이는 굉장히 민감하기 때문에 학교 생활은 자긍심——부서지기 쉬우며, 교사들과의 우연적인 만남에 좌우되는——형성의 키포인트가 된다. 교사와 긍정적인 관계를 맺을 경우 큰 자부심을 가질 수 있지만, 교사가 깎아내릴 때에는 아이의 자긍심이 치명적인 상처를 입기도 한다.

생후 첫 수년 동안 아이는 고치 속에 있는 거나 다름없으며, 우리는 아이가 큰 능력을 발휘하리라 기대하지도 않는다. 그후 아이에게 닥치는 새로운 세계인 학교 입학(유치원 입학을 포함해)은 늘 크고 작은 시련이게 마련이다.

성공의 문제

아이가 새롭게 깨닫는 것은 지적 능력의 중시와 지식의 가치이다. 그리고 아이는 성공이 자신의 가치를 재는 기준임을 알게 된다.

그 전에 아이는 탁아소나 시간제 탁아방에서, 특별히 집단 생활에 적응하도록 요구되었었다. 이제 그는 자신의 역량을 증명해야 한다고 느낀다. 아이의 능력은 외부로부터 측정되며, 객관적인 평가(때로는 점수)로 확인받는다. 일부 아이들에겐 실망이 잔인하게 다가온다. 부모의 무조건적인 사랑과 기분 좋은 평가 대신에 용기를 꺾어놓고 자부심을 해치는 말을 듣게 된다. 더 이상 세상의 중심에 설 수 없게 된 아이는, 보통은 30명이 넘는 학급에서 상대적인 존재로서 익명 속에 침몰되기 일쑤이다. 이것은 가혹한 일이 아닐 수 없다.

3.5세인 로만은 학교에 가고 싶어하지 않는다. 선생님이 다른

아이들에게 관심을 갖거나, 요구한 대로 숙제를 하지 않았다고 다시 해오라고 할 때 견딜 수가 없는 것이다. 로만은 이 여교사를 두고 '미워'라고 말하면서 상처받지 않으려고 한다. 하지만 아이들에게 어려서부터 공부하는 습관을 길러 주고 싶어하는 이 엄한 여교사의 의견에 로만이 크게 흔들린다는 사실을 어머니는 느낀다.

성공 여부는 자긍심과 밀접한 연관성을 갖는다. 그것은 분명 아이의 능력을 평가하는 손쉬운 수단이며, 성공을 거듭한다면 자신이 가치 있는 존재라는 생각을 갖게 해준다.

그러나 이 성공들은 정확히 평가되어야 한다. 만일 이런저런 면에서 아동에 대해 왜곡된 평가를 내린다면, 학교는 위험한 거울이 될 수도 있다. 요컨대 성적이나 평가가 나쁘다고 해서 스스로를 깎아내리고, 자신에 대해 좋지 못한 이미지를 갖는 아이는 자긍심 또한 저조해질 위험이 있다. 반대로 성적이 좋은 아이는 오로지 학업 성적에 근거한 치우친 자긍심을 가져 다른 영역에서는 자신의 가치를 생각할 수 없게 된다.

입학은 큰 발걸음을 내딛는 것이므로 아이가 자긍심을 갖도록 곁에서 도와야 한다. 즉 다른 사람들의 견해에 귀 기울이는 동시에 이 견해를 상대화시킬 수 있도록 돕는 것이 좋다. 또 아이의 생활에서 학교가 전부가 아니므로 학생의 신분 외에도 다른 방식으로 자신을 볼 수 있어야 한다. 그러려면 시간이, 수년의 시간이 걸리게 마련이다. 감정적인 차원이 중요해서, 우리 모두는 좋아하는 교사의 마음에 들기 위해 노력하며 기뻐했던 기억이 있다. 그러나 학교라는 기관을 처음 경험한 순간부터 아이들이 남자 혹은 여자 교사들과 늘 낭만적이며 환상적인 관계를 갖지는 않도록 준비시키는 것이 좋다. 그런 관계로 인해 습득에 지장이 생겨서는 안 되기 때문이다.

가정에서는 아이와 학생을 구분할 것

아이가 좀더 자라 이미 수년간 학교 생활을 했을 때 종종 부모는 아이를 학생으로만 보는 수도 있는데, 이런 혼동은 아이의 자긍심을 약화시키거나 해치고 망가뜨릴 수 있다.

부모들 앞에 있는 자녀는 하루 6시간 가량 학생의 신분이 되지만, 이것은 그다지 많은 시간이 아니다. 그러나 학교 생활이 차지하는 비중, 특히 초등학교 입학시의 비중은 몹시 커서 가정에서 보내는 시간까지 침투하여 물들이고 만다. 따라서 학교 생활을 잘하면 스스로 평가절하당하는 느낌을 가질 위험이 줄어든다. 반면 아이가 학교 생활과 습득에 어려움을 느끼면 '영원한 열등생'의 이미지가 뿌리를 내려, 그것은 아이의 한 가지 모습에 불과할 뿐이라는 사실을 가정에서 간혹 잊게 된다.

7.5세의 드니는 읽기에 어려움을 겪는데다 학업 성적이 부진하여 면담을 갖게 되었다.

학창 시절, 마찬가지로 학업에 어려움을 겪었던 아버지는 아들의 실패를 참지 못하고 모든 영역에서 그를 깎아내렸다. 즉 그림 · 스포츠에서 아들이 드러내는 재능이나 지적 호기심 일체를 인정하려 들지 않았다.

때문에 드니는 매우 힘들어했으며, 자긍심이 터무니없이 결여된 모습을 면담 과정에서 보였다. 심지어 창 밖으로 뛰어내리고 싶다는 말까지 했다. 아버지 역시 몹시 괴로워해서, 열등생인 아들을 사랑할 수 없다고까지 말했다.

우리가 치료 과정에서 기울인 노력은 다음과 같다. 즉 아들이 능력을 발휘하는 부문들에 아버지와 아들이 눈길을 돌리도록 하면서, 동시에 그에 대한 아버지의 긍지를 조금씩 높이자는 방법이었다. 결국 드니는 학업 이외의 영역에서 자신의 역량을 인식하고, 아버지로부터 보다 따뜻한 눈길을 받음으로써 좀더 나은 자아 개념을 갖게 되었다. 잇달아 학구열도 높아져 학교 생활도 긍정적으로 생각하게 되었으며 성적도 올랐다.

학업 성적의 부진으로 평가절하당할수록 아이의 자긍심 또한 손상되게 마련이다. 이런 상황에서 아이의 발전을 기대하기는 어렵다. '쓸모없는 녀석'이나 '구제 불능' 따위의 꼬리표가 붙은 아이의 경우가 이에 해당된다. 처음에 그렇지 않던 아이도 같은 말을 되풀이해 들으면 실제로 그렇게 될 수 있다. 아무리 자신 있고 당당한 태도를 취해도 학급의 열등생이라면 자긍심도 따라서 큰 손상을 입게 마련이다. 이런 아이들이 종종 공격성을 발휘해 타인을 지배하려 드는 것을 보게 된다. 이들은 다른 기준에 의지해 자긍심을 조금이나마 되찾아 보려고 하는 것이다.

아이는 존중되어야 한다

성장한 아이는 더욱더 존중받을 필요가 있다. 아이는 더 이상 의 존적인 어린 존재가 아니며, 의식적으로 자신의 성격을 형성해 가 기 시작한다. 이 과정에서 그에 대한 타인의 의견이 큰 영향력을 행 사하는 것은 당연하다.

관계의 범위가 넓어지며 더 복잡해지지만, 부모의 영향력이 근간 을 이룬다. 따라서 부모와의 대화가 매우 중요하다. 아이는 부모가 물질적인 욕구를 채워 줄 뿐 아니라 자신의 생활에서 일어나는 일 들에 귀 기울여 주기를 바라기 때문이다.

그런데 대화는 아이와 토론에 들어가기 위한 질문의 능력을 전제 로 한다. 어떻게 물어야 할지 우리가 항상 잘 안다고 할 수는 없지 만 말이다. 그러나 기본 원칙은, 아주 개방적인 방식을 취하도록 노 력하라는 것이다. 예를 들면 "시험은 어떻게 치렀니?"라고 묻는 대 신, "학교에서 재미있는 일이 있었니?"라고 물을 수 있다.

아이를 진지하게 대하기

6,7세 아이의 고민은 때로 너무나 하찮게 여겨져, 우리는 아이가 느끼는 감정의 정당성을 찾지 못한다. 그런데 아이가 왜 그토록 힘 들어하는지를 이해하려면 몇 가지 요인을 고려해야 한다.

■ 6세 아이가 살아가는 환경

시간 인식, 어른에게 기대는 강한 의존성, 주변 세계에 대한 엄청난 무지로 인해, 아이는 이미 오래전에 거쳐 온 불안으로 치달을 수 있다. 예컨대 숲 속에 여전히 늑대들이 있지는 않을까, 아이들은 오랫동안 의구심을 갖는다. 그래서 산에서 휴가를 보낼 때 밖에 나가 놀려고 하지 않기도 한다.

이 경우 아이를 겁쟁이로 취급하면 자신에 대해 부정적인 생각을 갖게 될 테며, 두려움도 거부감도 극복하지 못할 것이다. 그러므로 밖에 나가기 싫은 이유를 아이에게 물어보는 것이 바람직하다. 이때 아이가 부모와 신뢰의 관계를 맺고 있다면, 자신의 의문점들이나 걱정거리를 부모와 나누기를 망설일 리 없다. 반대로 아이가 해결 안 되는 문제를 털어놓았을 때 부모가 진지한 관심을 기울이지 않는다면 아이는 설명을 포기하고, 이해하기 어려운 침묵 속에 빠져 단절이 지속될 것이다. 처음에 아이는 부모가 그를 돕기 위해 경청한다는 인상을 받는다. 그러나 부모가 입을 열었을 때 그것이 도움을 주려는 게 아니라 자신을 깎아내리기 위해서임을 알게 되고, 그렇게 되면 아이는 속았다는 느낌을 가질 수 있다.

■ 짓궂은 행동을 조심하기

아이들은 강한 자기애를 갖고 있다. 특별히 5-10세에는 '자아'를 구축하기 위해 이 자기애에 의존한다. 유머 감각은 아주 서서히 획득되며, 웃음거리가 되었을 때에는 끔찍한 자기 비하감에 빠진다. 누군가 수차례에 걸쳐 조롱을 가해 올 때 우리의 감정을 영원히 입 밖에 내지 않게 되었던 경험이 우리 모두에게 있지 않은가.

부모의 조롱은 특별히 가혹하게 와닿는다. 아이의 성격이나 행동 방식이 직접 관련된 경우에 그렇다. 상대방이 진지하게 바라보며 경청한다고 믿었던 순간에 아이는 자신이 웃음거리가 됨을 느끼는 것이다. 누군가 아이의 평상시 행동을 흉내낼 때에도 마찬가지이다. 때론 극단적인 사디즘까지 가는 이런 일탈 행위들이 아이에게는 매우 고통스럽게 여겨지기 때문이다. 아이의 '감정을 부추기고' 있음을 문득 깨닫게 되는 순간이 닥치면, 어른이 차지하는 자리는 무엇인지 물어야 할 것이다. 어떤 연장자가 우리에게 겪게 한 것 혹은 우리 자신이 형제자매에게 겪게 한 것의 일례를 거기서 보지는 않는가? 일부 어른들도 일찍이 경험하여 기억하는 이런 상황들이 아이들에게는 몹시 고통스럽게 다가온다. 그래서 이처럼 조롱의 대상이 된 아이들은 그후 오랫동안 내면의 문을 닫아걸 수도 있다.

물론 가끔씩 사소한 기벽들을 두고 아이와 함께 웃거나, 몇 가지 특징을 고의적으로 부풀려 아이에게 농담을 이해시킬 수도 있다. 어떤 아이들은 유머 감각이 풍부하여 일찌감치 '바로 이해할 수 없는' 유머까지도——특별히 일반적인 주제를 두고——이해한다. 여기서 주목해야 할 점은, 유머가 많다면 자기애 역시 강하다는 사실이다. 그러므로 짓궂게 굴 적에는 아이가 그것을 '따라갈 수' 있는지 살펴야 한다. 웃음이 번져나거나 말이 끼어든다면 계속해도 좋겠지만…… 그러나 너무 길거나 너무 멀리 가는 것은 금물이다!

■ 감정의 기능

외관상 사소해 보이는 문제가 눈덩이처럼 불어나 어린아이의 감
정을 폭발시킬 때 거기에는 또 다른 이유가 있다. 감정은 아이의 진
정한 불안 앞에서 스크린처럼 작동할 수 있기 때문이다. 전방에 내
세워진 고민거리는 분명 눈가림에 불과하다. 여기서도 그 말을 진
지하게 경청하고 대화함으로써 아이에게 자신이 이해받고 있다는
느낌을 주어야 한다.

8.5세인 에믈린은 영화를 본 뒤 잠자리에 들었다. 이혼한 부부
의 가정을 다룬 영화였는데, 아버지가 아이들을 만나는 것에 어머
니가 반대하는 내용이었다. (에믈린의 부모 역시 이혼한 부부였다.)
잠시 후에 엄마는 방에서 나간 딸이 울고 있는 모습을 본다. 며칠
동안 갖고 놀던 마분지 더미를 엄마가 내버리지 말았으면 한다는
게 이유였다. 하지만 전날 밤만 해도 방을 어지럽힌다는 이유로
에믈린 역시 그걸 버리는 데 동의했었다. 그런데 이제 와서 그 때
문에 정말로 실망해 있는 것이다. 엄마는 비록 심리학자로 자처하
고 나서지는 않았어도, 에믈린의 요구와 영화 사이에 관련이 있음
을 느끼고 상황을 두 가지 차원에서 이해하여 마분지 더미를 그대
로 두기로 했다. 그러자 에믈린은 마음이 놓인 듯 잠이 들었다.

단지 어머니가 아이의 변덕에 굴한 것이 아니다. 딸이 감정적으로 그토록 격해 있다면 분명 다른 문제가 있다고 생각한 것이다. 결국 딸은 자신의 감정이 이해되었다고 느낀다. 아버지와 별거하고 슬픔을 직접 드러내지는 않았어도 어머니에게 자신이 받아들여짐을 느낀다.

자신의 느낌을 표현할 수 있었던 만큼 앞으로도 자기 감정을 계속 외면화할 가능성이 크다.

에믈린이 이런 자신의 감정을 인정하며——어머니로부터도 인정받았으니까——자신에 대한 이미지를 구축해 나가는 데에는 어머니의 경청이 매우 중요하다.

지적 자율성을 도와 주기

어떤 부모들은 자녀가 아무것에도 관심이 없고, 의견도 없고, 요컨대 개성이 없다고 불평한다. 그러나 아이들이 매사에 찬성이라면, 다소 강압적인 부모 앞에서 골칫거리를 피해 가기 위해서일 경우가 종종 있다. 그런데 어이없게도 이런 부모들이 자기 자녀에게 뚜렷한 주장이 없다고 불평하는 것이다!

아이가 어떤 의사를 갖고 표현하기란 그리 간단한 문제가 아니다. 아이는 자신을 표현하도록 격려해 주는 어른들과 접하면서 그것을 배운다. 가수 캣 스티븐스가 부른 노래 속에 이 문제가 정확히 묘사되고 있다. "내가 말할 수 있게 된 순간부터 나는 귀 기울이도록 명령받았다"라는 가사 속에는 아이들이 종종 처하게 되는 모순이 요약되어 있는 것이다.

이 말은 과장처럼 여겨질 수도 있다. 그러나 우리가 아이들의 의견을 구하는 경우는 여전히 너무 드문 게 사실이다. 그렇다고 아이의 마음대로 하도록 내버려두라는 말은 아니다. 그렇게 되면 아이도 자신의 한계를 보지 못하고 실제로 자신이 무엇을 원하는지, 자신이 누군지 알 수 없게 될 것이다. 그러므로 어떤 상황을 두고——아이와 관계가 있든 없든 간에——아이가 어떻게 생각하는지 물어야 한다. 세상사에 대해 아이가 뚜렷한 의견을 지닌 모습을 보면 놀랄 것이다. '진실'은 어린아이들의 입에서 나오지 않는가? 아이의 의견에는 섬세함이 결여되었거나 현실과의 괴리가 느껴지겠지만, 그래도 아이는 자신이 생각한 바를 말하는 데 익숙해짐으로써 지적 차원에서 자신감을 얻는다. 학급에서 발표 시간에 활발히 참여하는 아이들은 보통 가정에서도 자기 의사를 표현할 수 있는 아이들이다.

말을 하고, 말을 하도록 허용하는 것은 가치 있는 일이다. 식사 시간 동안 생각이 넘쳐나는 아이가 질문 공세를 퍼부어 부모를 피곤하게 만들고, 그래서 "입 다물고 밥이나 먹어"라는 케케묵은 말이 혀끝에서 맴돌더라도 말이다.

아이가 책임감 있게 결정하도록 습관들이기

자율성을 길러 주기 위해, 그것도 보다 구체적으로 길러 주기 위해 아이 스스로 결정을 내리도록 하는 것 역시 자기 이미지 구축에 포함된다.

아이는 나이로 보아 아직 의존적일 수밖에 없지만 점차 몇 가지 행동을 주도적으로 해나간다. 이러한 능력은 생각하는 기능, 의견을 갖고 표현하는 기능, 그리고 주변의 반응을 고려하는 기능과 아주 밀접한 관계를 갖는다.

그러나 아이에게 선택권이 주어진다고 일시적 기분에 따라 행동해도 좋다는 말은 아니다. 갖고 싶은 장난감을 엄마가 사주겠다고 승낙할 때까지 상점 바닥에 구르기로 '결정' 해도 좋은 것은 아니라는 말이다. 일시적 기분에 따른 행동은 성장 과정의 일부를 이루며, 아이가 한계를 인식하는 데 중요한 역할을 맡는다. 그러나 결정적인 것은 어른의 태도이며, 아이의 일시적 기분에 맞서는 어른의 반응이다. 일시적 기분은 결정이 아니며, 잠정적으로 힘을 쟁취하려는 시도 혹은 무절제한 감정이니까.

7세의 캉탱은 걸핏하면 숙제를 하지 않으려고 한다. 아이가 책상에 앉아 숙제를 하도록 강요하고 화를 내다가 지친 어머니는 아이에게 양자택일을 제시한다. "숙제를 하고 싶지 않단 말이지? 좋아, 하지만 내일 선생님한테 혼날 걸 각오해야 할 거야. 야단을 맞든 벌을 받든 그건 네 일이니까." 이 말을 듣고도 캉탱은 고집을 꺾지 않았지만, 잠자리에 들 시간에 어머니는 캉탱이 암송문을 암기하는 모습을 본다……

끝없이 열거 가능한 이런 다양한 사례들은 아이에게 행동에 대한 책임감을 갖도록 하는 여러 방법이 존재한다는 사실을 여실히 보여준다. 아이는 원인·결과의 인과 관계를 배우면서 더 큰 책임감을 느낀다. 이렇게 해서 향후 위험해 보이는 행동을 거부하고, 스스로를 보호하여 자신의 가치를 지킬 수 있게 된다.

아이가 해결책을 찾도록 할 것

의견 말하기와 결정 내리기 중간 지점에서 해결책을 발견하면서 아이는 자신의 가치를 인식하게 된다. 실제로 아이가 문제 혹은 제기된 질문에 대한 확실한 해답을 발견한다면, 그것은 상황을 제어하고 어려움을 해결할 수 있음을 의미한다. 자긍심을 위해 이것이 얼마나 중요한지는 해결책을 발견한 아이의 눈이 자신감으로 반짝이는 것을 보면 알 수 있다.

그러나 이 점에서도 아이는 훈련받을 필요가 있다. 아이가 문제점을 생각해 보기도 전에 부모가 어려움을 예상하고 해결책을 제공한다면, 난관에 부딪혔을 때 아이는 성숙한 태도로 임할 수 없을 것이다.

아이를 통제할 수 없는 상황 속에 남겨두는 일 없이 작은 문제라면 혼자 해결할 수 있도록 하는 것이 바람직하다. 아무튼 행동 방식에 대해 자신의 생각을 표명케 하는 것이 좋다는 말이다.

아이의 활동을 존중하기

아이는 어떤 리듬에 따라 생활한다. 어른들이라고 반드시 이해할 수는 없는 개인적인 활동들이 아이에게는 있다. 하지만 하는 일에 어른들이 관심을 가져 주면 아이는 큰 만족감을 느낀다. 중요한 누군가 앞에서 행동하고 그의 의사를 수용하는 것, 이 모두가 아이들이 갖는 자긍심과 무관하지 않다. 특별히 놀이의 경우가 그렇다. 아이가 착상해 내는 일들은 때로 부모를 당황케 한다. 나뭇조각을 갖고 그렇게 흙탕 속에서 놀 게 뭐란 말인가? 크리스마스 때 선물로 준 장난감은 거들떠보지도 않고 포장지를 갖고 노는 모습은 부모의 자아에 상처를 입힌다. 하지만 아이의 활동을 존중한다는 것은, 아이가 창의력을 발휘하고 상상력을 형성해 갈 수 있는 장소와 방법을 선택하도록 내버려둠을 의미한다. 물론 안전과 위생을 고려해 제약을 가하면서 말이다. 아이의 모든 활동 가운데 놀이는 지적·정서적 발달을 돕는 주요 영역이다. 이 놀이 활동이 어느 정도 자유롭게 이루어진다는 조건에서.

이처럼 아이에게 자유를 허락한다는 것이 무관심을 의미하지는 않는다. 아이는 자기들 놀이에 부모가 관심을 가져 주는 것을 매우 좋아한다. 진정한 관심을 말이다. 단지 관심을 갖는 척하면 아이들은 금세 눈치채기 때문이다. '참된' 관심에서 우러나온 질문을 던지면, 아이는 자신이 하는 일이 의미 있고 주목받을 가치가 있음을 확신케 된다. 그리하여 어떤 자부심을 갖고 자긍심을 쌓아 가게 될 것이다.

외모에 대한 의식

신체적인 양상이 점점 큰 중요성을 차지하게 된다. 이 문제는 사춘기에 이르러서야 온전히 부각되지만 말이다. 5,6세 전까지는 아이에게 아름다움과 추함에 대한 개념이 거의 없다. 심리적 차원에서 아이들이 가진 생각은 때로 어른들의 기준과 너무도 동떨어져 우리를 놀라게 한다.

아이의 경우, 자신이 사랑받고 인정받는다고 느끼기만 하면 다른 것은 문제가 되지 않는다. 그러나 5,6세부터는 자신의 외모를 의식하게 되며, 이것이 자긍심 형성에 영향을 미친다.

아이는 타인들에게 어떻게 비치는가에 따라 외부 세계에 드러난 자신에 대한 긍정적 혹은 부정적 관념을 갖는다. 예쁘다는 말을 계속해서 듣는 아이는 이 말을 내면화시켜 '플러스 요인'으로서 동화한다. 이 말이 물론 자긍심 형성의 보증이 되지는 않지만 도움을 줄 수는 있다. 어른이든 아이든 아름다운 용모에도 불구하고 좋은 자긍심을 갖지 못한 사람들이 많은 것이 사실이다.

중요한 것은 객관적인 현실이 아니라 내면화된 것이다. 그저 그렇게 생겼어도 자신의 몸을 받아들이는 아이는, 인형처럼 생겼어도 자신이 예쁘다는 사실을 깨닫지 못하고 끊임없이 확인을 필요로 하는 아이보다 더 튼튼한 자긍심을 키워 간다.

외모와 심리적 현실 간의 격차——예를 들면 아이가 나이에 비해 크거나 작은——에 따라 흔히 사람들이 아이에게 대하는 태도가 달라진다. 나이에 비해 키가 큰 아이는 조금 느리고 미성숙해 보이기 십상이다. 외모만 보고 두 살이나 더 많은 아이의 반응을 기대하기 때문이다. 반대로 몸집이 작은 아이들은 유리하다. 사춘기가 되어 (특히 남자아이의 경우) 키가 큰 것이 더 유리해질 때까지는 말이다. 사람들은 아이를 실제보다 어리게 볼 것이고, 따라서 아이의 어법이나 조리 있는 말을 듣고 놀랄 테니까. 비만한 아이들은 또 어떤가! 이 아이들은 종종 다른 아이들과 어른들에 의해 손상된 자기 이미지를 갖고 있는데, 이것이 자긍심 구축에 불가피한 영향을 미친다. 다르다는 것에 아이들은 무척 민감하다. 특히 주변 사람들에 의해 이 다름이 멸시당할 때 그러한데, 비만이 그 한 예이다.

우리 아이들의 신체에 대해 우리는 잘 알지 못한다. 그러나 부모로서 자녀가 자신의 외모를 받아들이도록 하는 방법은 매우 중요하다. 그러려면 상상의 아이와 현실의 아이 사이에 생기는 격차를 극복하지 않으면 안 된다. 현실의 아이는 때로 부모의 나르시시즘에 상처를 주기도 하지만.

한 동료가 다음의 사례를 내게 들려 주었다.

"우리 반에 멜리상드라는 여자아이가 있었던 게 생각나. 요정 이야기에 나오는 공주의 이름이지. 그런데 땅딸막한 그애는 영락없는 남자아이였지. 딸에게 지어 준 이름을 보면 부모가 어떤 딸을 기대했을지 상상이 갔어. 멜리상드라는 이름과 실제 그 아이의 외모 사이의 간과할 수 없는 불일치를 그들이 어떻게 견디고 있을지에 대해서도……"

자기처럼 갈색 피부에 키가 크고 힘이 센 아들을 원했던 아버지라면 창백하고 마른 금발머리 아들의 외모를 어떻게 생각할까?

아주 멋을 부리는 이 어머니의 딸은 절대로 치마를 입지 않으려 하고, 머리 손질도 싫어한다. 이것을 보며 어머니는 "내 딸이 참 예쁘긴 한데……" 하며 아쉬워한다.

자녀의 외모에 대한 부모의 생각은 애정적인 맥락 및 아이의 몸에 대한 일련의 무의식적인 투사에 크게 좌우된다. 그런데 아이를 바라보고 또 있는 그대로 사랑하는 방식에 따라 아이는 스스로를 받아들이는 한편, 자신의 몸에 대해 편안함을 느낀다.

우리는 아이가 좀더 나은 모습으로 보일 수 있도록 노력하지만, 그렇다고 이런저런 옷을 입지 못하도록 지나치게 강요하면 학교에서 야유를 당할 수도 있다. 그렇다고 상황이 악화될 걸 뻔히 알면서도 아이 마음대로 옷을 입게 하며 이 난관을 부정할 수도 없는 일이다. 종종 부모는 자기 자녀를 다른 사람들이 보듯이 보지 않는 것이 사실이지만 말이다. 꼭 믿을 수 있는 것은 아니지만 객관적인 기준들도 존재한다. 예를 들면 건강기록부에 나타난 성장 곡선과 몸무게 등을 참조하면서 아이에게 어떤 문제나 도와 주어야 할 점이 있는지 판단할 수도 있으니까.

지적 능력

여러 아동 전문가들이 주장하는 바에 따르면 "사랑이 아이를 총명하게 만든다." 혹자는 사회 문화적 환경과 유전인자의 차이가 존재한다는 이유로 이 말에 반대할는지 모른다. 실제로 유전병과 무관한 지능 발달의 '지연'은 좋은 환경에서 자라는 아이들에게는 드문 현상이다. 그러나 아이에게 정신적 활기가 모자라고 학업이 시원치 않다면 종종 이유를 다른 데서, 즉 강력한 심리적 장애를 초래할 수도 있는 정서적·인간 관계적 측면에서 찾아야 한다. 이런 장애들은 때로 심리치료사의 도움 없이는 간파하기도 제거하기도 어렵다.

하지만 지적 이해의 차원에서 어려움을 겪는 듯 보이는 아이를 우리가 도와 줄 수는 있다.

■ 난관은 종종 국부적인 것일 수 있다

아이가 수학 시간을 힘들어하거나, 집중 능력이 떨어지거나, 구술 시험을 완전히 망친다면, 문제점이 무언지 찾아내고 "난 바보야"라는 식의 일반화를 피하도록 해야 한다. 자기 이미지는 흔히 U자 관의 원칙에 따라 작동한다. 즉 난점을 찾아냄과 동시에 아이가 쉽게 생각하는 영역을 부각시켜 다른 차원에서 자아의 가치를 높임으로써 어느 정도 자긍심을 유지시킬 수 있다는 말이다.

■ 시간적으로 제한된 난관

습득에 있어서 아이가 겪는 어려움은 일시적 현상인 경우가 종종 있다. 그것은 교사와의 관계, 가정 생활의 문제점들(파탄·불안정·장애 요인들), 혹은 아동의 정신 운동 발달 단계에 흔히 좌우된다. 중요한 점은 아이가 학교 커리큘럼과 관련해 너무 뒤떨어지거나 심리적 장애를 겪지 않도록 하는 것이다.

이 어려움이 시간상 제한되어 있다는 인식은 아이를 안심시킨다. 현재의 속박으로부터 벗어나 해방된 자아를 그려 볼 수 있기 때문이다. 이렇게 더 나아지리라는 희망을 간직함으로써 자긍심도 형성된다.

현실적 방법으로 가치를 높이기

무조건, 아무 일에나, 항상 아이를 칭찬한다고 도움이 되지는 않는다. 아이는 사정을 잘 알고 있으므로 칭찬은 더 이상 의미가 없다. 그렇게 되면 아이는 의문을 제기할 수도 없다. 자기 자신도 믿을 수 없는 말로 의심이 일소당하겠기 때문이다. 그래도 아이에게 얼마만큼, 또 얼마나 자주 칭찬을 하는지 자문해 볼 수 있다. 마지막으로 아이를 칭찬한 게 언제였는가? 한 시간 전, 어제…… 아니면 일주일 전?

그런데 이상하게도 잘못한 것을 지적하며 비난하기가 훨씬 쉽다. 아이가 잘한 것은 당연하며 주목받을 가치가 없다는 듯이 생각하는 경향이 있다. 그러나 직장 생활을 두고 보더라도, 판단의 오류나 결점만을 지적받는다면 정신적 고문이나 마찬가지일 것이다. 한번도 인정받거나 칭찬받지 못한다면 더 잘하겠다는 생각을 불러일으키지 못할 것이다…….

개선될 필요가 있는 점을 지적하고 잘한 점을 매번 북돋워 준다면 아이가 자신을 더 잘 알 수 있도록 돕는 셈이 된다. 난관에 처했을 때 그렇게 해서 아이는 자신을 완전히 무기력하다고 여기지 않을 수 있게 된다. 그 순간에 처한 문제와는 별도로 자신의 가치를 알기 때문이다. 긍정적인 면을 내면화시킴으로써 좌절의 순간에도 그게 전부라는 일반화에 빠지지 않을 수 있다. 어느 한 분야에서 실패했다고 다른 분야에서도 항상 실패하지는 않을 것임을 아니까.

부모는 또한 아이가 자신의 장점을 개발하도록 도움으로써 가치감을 심어 줄 수 있다.

> F씨네 가정에서는 8세인 레나의 손재주가 가장 뛰어나다. 그래서 집에 무슨 기술적 결함으로 인한 문제가 발생하면 부모와 남동생은 레나를 부른다. 어머니는 딸이 발견한 해결책을 보고 몹시 기뻐하는데, 단지 그러는 척하는 건 아니다. 아버지는 수공품 재료 상점에 기꺼이 레나를 데려다 주며, 딸이 아이디어를 끌어낼 수 있도록 마케트 박람회에도 함께 간다.

아이가 자랄수록 부모가 끼어드는 영역도 다양해진다. 학업, 사회화 과정 및 스포츠, 새로운 책임, 가족 구성원과의 관계와 더불어 아이의 자기 이미지 구축에 관여하는 영역이 늘어나는 것이다.

16

청소년의 자긍심 높이기

온갖 차원에서 변화가 닥치는 위기의 시기인 청소년기에 아이는 자긍심의 정착을 위해 중요한 새로운 정체성에 접근한다. 어린 시절을 지나오며 그때까지 자긍심이 형성되었던 방식이 부분적으로 청소년의 자기 이미지를 결정짓는다. 그러나 이 변화의 시기 또한 잇따른 자기 이미지 구축에 영향을 미친다.

새로운 정황

사춘기의 대혼란에 잇달아 청소년의 삶과 그의 가정 생활에는 일련의 수많은 변화가 끼어든다. 자아감·정체성에 대한 질문이 이 자긍심이라는 개념과 직접적인 관련성을 갖게 된다. 요컨대 어린 시절 내내 아이가 구축한 자기 이미지가 완전히 의문에 부쳐지는 것이다. 이것이 흔히 부모에게는 몹시도 놀랍고 걱정스러운 점이다. 그렇게 자신만만하고 열린 마음으로 대화를 나누던 어린 아들이 어

떻게 갑자기 모든 걸 의심하고 끊임없이 자신을 깎아내리는 사춘기
의 아이가 된 것일까?

새로운 상황을 판단하기

청소년기의 변화는 복잡 미묘하여 예측이 어려우며, 일정한 방식
으로 닥치지도 않는다.

이따금 몇 가지 점에서 청소년이 지닌 자긍심의 정도를 측정해 볼
필요가 있다.

— 개방적으로 교분을 나누며 친구들로부터 인정받고 사회적 관
계에서 편안함을 느끼는가? 자신의 의견을 말할 수 있는가?

— 자신의 학습 능력에 대해 어떻게 느끼며, 학업에 있어서 자긍
심은 어떤가? 학업 성적은 어느 수준인가?

— 자기 자신과 자신의 몸에 대해 어떻게 생각하는가? 외모와 청
결·위생에 신경을 쓰는가?

— 예체능·사교면에서 재능이 있는가? 거기서 만족을 구하고 얻
는가?

— 가정에서, 또 부모와 형제자매들로부터 존중받는다고 느끼는
가? 자신이 따돌림당한다고, 혹은 다른 사람들보다 못한 배려와 인
정을 받는다고 느껴 고통스러워하는가?

이런 여러 가지 사항을 주의 깊게 관찰하면 아이의 자긍심을 다각
도로 측정하고 대화할 수 있다. 그렇게 해서 아이의 가장 취약해 보

이는 점을 위해 도움을 줄 수 있다. 아이가 자기 자신에 대해 어떤 식으로 말하는가에 귀 기울이는 것도 항상 쓸모가 있다. 자신의 부족함이나 무능력·결점 따위와 결부된 가혹한 말들은 종종 자긍심의 쇠퇴를 가리키기 때문이다.

교류분석[인간 관계 개선 치료법]을 행하는 정신분석의들은 청소년 및 성인의 자긍심에 대해 시사하는 정신의 네 가지 성향을 정의내린다.

— '나는 좋은 사람이며, 다른 사람들 역시 그렇다'라는 생각은, 단연 훌륭한 자긍심을 갖고 삶에 동화되어 있으면서 타인들에게도 가치를 부여하는 사람의 입장이다. '큰 문제 없이' 자신에 대해 만족하며 가정 생활이 행복한 청소년의 경우이다. 적어도 몇몇 자기 실현의 단계가 성공적으로 수행되었을 때 이런 입장이 가능해진다. 청소년기에 내포된 여러 굴곡에도 불구하고 이 시기가 전반적으로 건설적이었다면, 이 시기를 벗어나며 맞는 이상적인 상황이기도 하다.

— '나는 만족한 삶을 살며 좋은 사람이지만, 타인들은 모두 쓸모없는 인간들이다'라는 생각은 그릇된 자긍심을 드러낸다. 여기서 주체는 타인들은 형편없다는 견해와 관련해서만 정의되기 때문이다. 자긍심도 피상적이어서, 현실적이며 수긍 가능한 사회적 기반에 뿌리내리고 있지 않다. "주위 사람을 계속해서 깎아내려야만 나는 훌륭한 자긍심을 가질 수 있다." 위기를 맞은 많은 청소년들이 이런 모습을 띤다. 그들은 매우 비판적이며, 자신들은 대단한 존재라고 주장하면서 스스로를 좌절로부터 보호한다.

— '나는 형편없는 인간인 반면, 타인들은 모두 좋은 사람들이다.' 이것은 자신을 사랑하지 않는 사람의 입장이다. 그가 생각하기에, 타인들은 모두 만족스러운 삶을 살며 가치 있는 사람들이다. 여기서 자신에 대한 비하는 타인들의 부족과 결함이 파악되지 않을 때 더욱 심각하다.

이것은 정체성의 위기를 겪는 청소년들에게서 흔히 나타나는 삶의 태도이다. 지표가 없는 그들은 아동기에 좋은 자기 이미지를 구축하지 못한 경우가 많다. 기초가 부실한 자긍심은 청소년기의 여러 변화에 제대로 대처하지 못하고, 긍정적인 새로운 자기 이미지를 형성하기 위한 발판으로 쓰일 수도 없다. 수동적이고 억압되어 있는 이 청소년들은 특별히 도움을 필요로 한다. 외부 세계에 대한 믿음을 완전히 잃지는 않았어도 자신을 '미운 오리 새끼' 처럼 생각하기 때문이다. 이때 그들의 강점을 부각시키고 그들에게 객관적인 장점이 존재한다는 사실을 보여 주는 부모, 혹은 친구와의 대화는 자긍심을 높이는 데 크게 도움이 된다. 이 아이들은 사회의 일원이 되고 싶어도 자신들에게는 그럴 권리가 없다고 생각하는 게 보통이기 때문이다.

— '나는 형편없는 인간이고, 다른 이들도 마찬가지이다. 그렇다면 무슨 쓸모가 있을까?' 라는 생각은 아마도 가장 고통스러운 상황이자 견딜 수 없는 입장이다. 여기서는 자긍심이 너무도 빈약하여 외부 세계 역시 별 볼일 없어 보이며, 따라서 타인에 대한 어떤 신뢰도 불가능해진다.

고질적으로 뿌리내린 자긍심 결핍은 결국 타인들을 부정하기에

이른다. 여러 영역에서 실망이 쌓이면 불신이 눈덩이처럼 커져 갈
수도 있다. 청소년의 경우 삶에 대한 이런 태도가 지속적으로 자리
잡게 되면 우울증에 빠질 위험이 크다. 흔히 부모 역시 나쁜 사람들
로 비쳐 거부당하는 입장이고 보면 가정에서 이 모든 어려움을 해
결하기도 쉽지 않다. 그러므로 전문화된 도움이 필요하다.(부록 참조)

청소년기는 의심의 시기이며, 자긍심에 있어서도 불확실성이 크
게 부각된다. 물론 사전에 형성된 자긍심이 몹시 중요하다. 이 자긍
심을 기반으로 청소년기에 자리잡는 자긍심은 말하자면 집의 지붕
역할을 한다. 이전 시기에 윤곽이 드러난 자기 이미지가 이 시기 동
안 유지되거나 강화된다. 청소년기는 동시에 성인의 삶 속으로 진
입하는 시기이다. 미래에 무엇이 될 것인지 하는 생각도 보다 명확
해진다. 이 시기에 이미 자긍심은 외적 양상이나 사회적 관계 같은
어른들의 새로운 척도로 물들게 된다.

맺음말

자녀들이 독립적인 삶을 누리고 스스로를 신뢰하고 행복해질 수 있도록 하는 것, 이것이 모든 부모들의 과업이자 목표이다. 거의 잠시도 쉴 틈이 없는 매순간의 작업이다. 아이가 자아를 구축하고, 그리하여 훌륭한 자긍심을 갖는 것은 수많은 요인에 달려 있다. 그러나 무엇보다 중요한 것은 부모의 눈길로서, 이 프리즘을 통해 아이는 날마다 새롭게 세상에 태어난다. 그런데 아이가 자기 자신에 대해 긍정적인 생각을 가지려면 목표를 너무 높지 않은 곳에 둘 필요가 있다. 목표가 지나치게 높을 경우 오히려 좌절을 초래할 위험이 있기 때문이다. 설령 아이가 난관을 극복한다고 해도 결코 만족할 수 없을 터이며, 따라서 깊은 좌절감이 남는다.

조금 모순적으로 들릴지 모르나, 그렇다고 목표가 너무 낮아서도 안 된다. 아무것도 아닌 일로 단념해 버리거나, 작은 난관에 부딪쳤을 때 포기하도록 부추기는 부모라면 아이에게 자신감을 심어 줄 수 없다. 조금 지나친 면은 있지만, 여자아이들이 갖고 노는 말하는 바비 인형에게 "수학은 어려워……"라는 말을 하지 못하도록 페미니스트 단체에서 금지시킨 것도 그런 맥락에서이다. 아이들에게 실현 불가능한 과업을 지속적으로 부여하는 것이 바람직하지 않듯이, 자기들은 아무짝에도 쓸모없다고 생각하도록 내버려두는 것도 마찬가지이다. 상황을 제대로 파악하려면 아이가 비슷한 상황에서 이미 성공한 것을 갖고 판단해야 하며, 또 성공했다면 성과가 어땠는지를 고려해야 한다. 아이의 시험 점수가 20점 만점에 8점이라고 해서 "대학입학자격시험은 포기하거라. 그 시험은 너무 어려우니까"라는 말이 자연스럽게 흘러나오지는 않을 것이다. 하지만 아이를 위해 그 가치가 분명치 않은 다른 것들에 대해서는 이따금 그렇게 하기도 한다.

그러기 위해서는 아이와 대화를 나누며 다음의 사실을 인정해야 한다. 단번에 성공하지 못했다고 그 때문에 가치가 깎이는 것은 아니라는 점을 말이다. 논리학 시험이 어렵다고 아예 시험을 치르지 말라고 할 수는 없지 않은가! 그런가 하면 아이가 훌륭한 자긍심을 갖도록 북돋워 준다는 것이 일체의 의심을 제거한다는 의미도 아니다. 아이의 긍지를 높여 주고 자신감을 심어 준다는 핑계로, 자신을 의심하는 아이의 말에 귀 기울이기를 거부해서는 안 된다. 그렇게 되면 아이는 '내가 제일 똑똑해'라고 생각해서 주변 사람들에게 불쾌감을 줄 것이다. 의심하고 스스로를 의문에 부친다고 해서 어느 날 갑자기 평가절하당하는 것도 아니다. 그러므로 문제를 상대화하는 한편, 아이도 그렇게 하도록 가르칠 수 있어야 한다.

아이가 자신에게 부여하는 가치 혹은 자신감 결여의 표징들은 우리 스스로를 돌아보게끔 한다. 앞서 보았듯이 자긍심은 고정된 것이 아니다. 즉 자긍심은 시간과 더불어 변하며, 눈에 띄게 달라질 수 있다. 아이를 갖는다는 것은 종종 어릴 적 우리 자신과 대면하는 것이다. 그리고 아이의 자아 개념은 종종 어릴 적 우리가 지녔던 자아 개념과 분명 관계가 있다.

그렇다면 우리 아이들의 의심 앞에서 우리는 어릴 적 자신의 경험을 토대로 어떤 반응을 보일 수 있을까? 자녀에게 자신감이 결여되었다고, 스스로를 무가치한 존재로 여긴다고, 많은 부모들이 상담하러 온다. 부모들에게 어린 시절 그들은 어땠는지 물으면 자신들도 이해한다고, 그들도 '마찬가지'였노라고 인정한다. 아이들에게서 우리의 어릴 적 모습, 고통스러워했던 모습을 발견하는 것이 늘 유쾌하지마는 않다. 하지만 우리 자녀가 지나치게 소심해서 힘들어하는 모습을 보면 깨닫게 되는 사실이 있다. 즉 우리의 생각과는 반대로 우리 역시 부모들과 그리 달리 행동하지 않았다는 것, 결과는 마찬가지였다는 점이다.

자긍심에 대해 논하노라면 끝이 없다. 대대손손 할아버지 할머니에게서 손자 손녀에게로, 가족의 기억 속에서 우리의 자긍심은 형성된다. 우리가 자신에게 부여하는 가치와 타인들에게 부여하는 가치는 전파되며, 끊임없이 다음의 질문을 제기토록 한다. 즉 "내 가족, 내 친구들, 내 동료들에게 나는 누구인가?" "세상 사람들이 보기에 나는 누구인가?" 적절한 정도의 의심은 좋은 것이다. 의문을 제기한다는 것은 살아 있음을 의미하기 때문이다.

부 록

언제, 어떻게, 또 누구에게
도움을 요청할까?

왜, 그리고 언제 조언을 구할까?

어떤 고통이든, 고통을 당할 때 조언을 구하게 된다.

고통은 여러 표징을 통해 나타난다.

— 가정에서 불쾌한 공격성을 보이며, 학교에서도 그런 현상이 규칙적으로 나타날 때.

— 전반적인 자기 비하의 경향이 빈번할 때.

— 지나치게 위축된 태도.

— 반(反)사회적인 행동(파괴, 절도, 도발적인 언사).

— 모든 신체적 현상(정신적 고통이 신체적 증상으로 나타남, 자해, 비정상적으로 체중이 불거나 줄기).

— 학업 성적의 하락.

— 학업 성적이 이유 없이 오를 때(속임수, 조작).

— 거부와 심리적 장애:

- 학교에서.
- 가정에서(아버지, 할머니…… 를 더 이상 보려고 하지 않을 때).
- 여가 활동에서(이유 없이 스포츠를 그만둘 때).

— 수면의 문제.

— 식사 장애.

기타, 거북하고 이상해 보이는 행동. 이것이 아이 자신이나 그 주변 사람들에게 반복적으로 심각한 해를 끼칠 때.

어떻게

'정신분석의'를 보러 가는 것임을 아이에게 설명해 줄 필요가 있다. 어떤 식으로 말해야 할지는 아이의 연령에 따라 달라질 수 있다.

아이에 대해 우리가 염려하는 바를 명확하고 간략한 말로 설명해 준다. 그리고 우리 말에 귀 기울이고 도와 줄 사람에게 아이를 데려가는 것이 부모의 책임이라고 생각한다는 것, 의사한테서 주사를 맞는 게 아니며 거기 가면 아마도 놀이를 하거나 그림을 그릴 것이라고 말해 준다. 무엇이 문제인지 이해시키기 위해 억지로 이야기할 필요가 없음도 설명해 준다.

좀더 자란 아이에게는 분명하고 구체적인 말을 사용하여 상담의

목적이나 '정신분석의'의 기능에 대해서도 보다 자세하게 설명한
다. 예를 들면 "그는 우리 머릿속에 든 문제들, 차마 다른 사람들에
게 물을 수 없는 문제들을 다루는 사람이야. 이분은 네가 상황을 잘
이해할 수 있도록, 또 문제가 잘 해결될 수 있도록 도와 주실 거다.
오래 걸리지도 않아(1회 면담에 45분 가량 소요)"라고.

　청소년의 경우에는 본인으로부터의 요구가 가장 바람직하다. 그
러려면 심리 치료라는 것이 존재한다는 사실을 그가 알고 있어야
한다.
　— 아이를 안심시킨다.
　— 면담을 생각의 교환 혹은 대화의 장소로 소개한다.
　— 도움을 받는다는 말을 때론 피해야 한다. 어떤 아이들은 도움
받기를 원치 않으며, '혼자 문제를 해결할 수 있다'고 믿으니까.
　— 그의 의문에 답변해 줄 수 있는 전문가를 만나 볼 거라는 말을
해준다.
　— 직업상 비밀 유지의 의무 개념을 상기시킨다("네가 그에게 한
말을 난 모를 거야").
　— 이미 정신분석의와 면담을 가졌던 사람들, 특히 청소년들의 예
를 든다.
　— 만일 아이의 마음을 움직일 수 없으면 좀더 먼 관계의 사람(가족
의 친구, 여자 친구의 어머니……)으로 하여금 면담을 제안토록 한다.
　— 면담 장소의 연락처를 아이의 눈에 띄는 곳에 둔다.
　— 심각한 지경이면(자살 시도, 폭력 행위, 거식증) 무조건 면담을

받도록 한다.

누구에게?

- 소아정신과 의사: 정신분석전문의로서, 특별히 아동과 청소년
의 정신 장애를 다루는 의사.
- 임상심리학자: 임상심리학 및 병리심리학 고등전문연구학회 과
정을 이수하고 다양한 기관의 보건 분야에서 일하는 전문가. 병원,
보건진료소, 탁아소 및 재판·형무 분야나 교육 분야를 들 수 있다.
- 심리치료사: 이 직책은 특별한 졸업장을 필요로 하지 않고, 일
반적으로 정신 기능을 돌보며 '치료 요법'을 행하는 임상의를 지칭
한다. 그러므로 아이를 상담하게 될 심리치료사가 어떤 교육을 받
았는지 사전에 정보를 제공받고, 가능하면 정신과 임상의나 일반의
를 선택하는 것이 좋다.
- 정신분석의: 개인적으로 정신분석을 받고 동료들의 통제·관리
하에서 일하는 전문가. 보통은 정신과 의사나 임상심리학자가 받는
교육 과정을 이수한다. 그는 환자의 삶을 바꾸어 놓을 수 있는 무의
식의 심리 메커니즘에 집중한다.

어디에서?

• 공공 기관:
— 병원의 소아정신과.
— 의료심리센터.
— 모자보호센터.

• 사설 기관:
— 소아정신과 의사.
— 임상심리학자.
— 심리치료사.

　이들 임상의의 선택이 우연에 맡겨져서는 안 된다. 일반의, 소아과의, 혹은 이 분야에 대해 잘 아는 친구…… 등 믿을 만한 사람에게 조언을 구하는 것이 좋다. 그리고 선택된 대상이 불확실하고 마음이 통하지 않는다면 바꿀 수도 있다. 이 선택된 대화자와 함께 있으면 마음이 편하고 신뢰가 가는 것이 중요하기 때문이다.

참고 문헌

Andréas-Saomé L., *L'Amour du narcissisme*, Gallimard, 1980.

Berne E., *Des jeux et des hommes*, Stock, 1984.*

Bettelheim B, *Pour être des parents acceptables*, Laffont, 1988.*

Brazelton T. B., in Lebovici S. et Weill-Halpern F., 'Psychopathologie du bébé' PUF, 1989.

Cyrulnik B. (Sous la direction de), *Ces enfants qui tiennent le coup*, Éd. Hommes et Perspectives, 1998.*

Dolto F., *L'Image inconsciente du corps*, Gallimard, 1984.

Dolto F., *Tout est langage*, Gallimard, 1995.*

Erikson E., *Enfance et société*, Neuchâtel, Delachaux et Niestlé, 1959.

Freud S., 'Pour introduire le narcissisme,' in La *Vie sexuelle*, PUF, 1969.

Freud S., *Introduction à la psychanalyse*, Payot, 1973.

Freud S., *Trois Essais sur la théorie sexuelle*, Gallimard, 1987.

Grunberger B., *Le Narcissisme. Essai de psychanalyse*, Payot, 1971.

Hartmann H., *La Psychologie du moi et le problème de l'adaptation*, PUF, 1968.

James M. et Jongeward D., *Naître gagnant*, Dunod, 2000.*

Kernberg O., *La Personnalité narcissique*, Dunod, 1997.

Kohut H., *Le Soi*, PUF, 1991.

Lacan J., *Écrits*, Seuil, 1966.

Marc V. et O., *L'Enfant qui se fait naître*, Buchet-Chastel 1997.*

Winnicott D. W., *Jeu et Réalité*, Gallimard, 1975.

Winnicott D. W., *Conversations ordinaires*, N. R. F. Gallimard, 1988.*

Winnicott D. W., *L'Enfant et le monde extérieur*, coll. 'Science de l'homme,' Payot, 1995.

이창실
이화여자대학교 영어영문학과 졸업.
프랑스 스트라스부르대학 응용언어학 과정 이수.
이화여자대학교 통번역대학원 한불과 졸업.

엄마 아빠, 전 못하겠어요!

초판발행 : 2004년 6월 10일

지은이 : 엠마누엘 리공
옮긴이 : 이창실
총편집 : 韓仁淑
펴낸곳 : 東文選

제10-64호, 78. 12. 16 등록
110-300 서울 종로구 관훈동 74
전화 : 737-2795

편집설계 : 朴 月

ISBN 89-8038-934-5 94370
ISBN 89-8038-000-3 (세트/문예신서)

東文選 現代新書 108

딸에게 들려 주는 작은 철학

롤란트 시몬 셰퍼
안상원 옮김

★독일 청소년 저작상 수상(97)
★청소년을 위한 좋은 책(99, 한국간행물윤리위원회)

작은 철학이 큰사람을 만든다. 아이들과 철학을 이야기하는 것이 요즘 유행처럼 되었다. 아이들에게 철학을 감추지 않는 것, 그것은 분명히 옳은 일이다. 세계에 대한 어른들의 질문이나 아이들의 질문들은 종종 큰 차이가 없으며, 철학은 여기에 답을 줄 수 있다. 이 작은 책은 신중하고 재미있게, 그러면서도 주도면밀하게 철학의 질문들에 대답해 준다.

이 책의 저자 시몬 셰퍼 교수는 독일의 원로 철학자이다. 그가 원숙한 나이에 철학에 대한 깊은 이해를 가지고 자신의 딸이거나 손녀로 가정되고 있는 베레니케에게 대화하듯 철학 이야기를 들려 주고 있다. 만약 그 어려운 수수께끼를 설명한다면 어떻게 할 것인가를 모형적으로 제시하고 있다.

철학은 우리의 구체적인 삶과 멀리 떨어져 있는 삶이 아니다. 우리가 사용하고 있는 말이란 무엇이며, 안다는 것은 무엇인가. 세계와 자연, 사회와 도덕적 질서, 신과 인간의 의미는 무엇인가 등 철학적 사유의 본질적 테마들로 모두 아홉 개의 장으로 나누어 이야기하고 있다. 쉽게 서술되었지만 내용은 무게를 가지고 있어서 중·고등학생뿐만 아니라 대학생과 성인들에게 철학에 대한 평이한 길라잡이가 될 것이다.

東文選 現代新書 113

쥐비알

알렉상드르 자르댕

김남주 옮김

아버지의 유산, 우리들 가슴속엔 어떤 아버지가 자리하고 있는가?

정신적 지주였던 아버지에 관한 자전적 이야기인 이 작품은, 소설보다 더 소설적인 부자(父子)의 삶을 감동적으로 담아내고 있다. 자녀들에게 쥐비알이라는 애칭으로 불렸던 그의 아버지 파스칼 자르댕은 여러 편의 소설과 1백여 편의 시나리오를 남겼다. 그 또한 자신의 아버지, 그러니까 저자의 할아버지에 대한 소설 《노란 곱추》를 발표하였으며, 이 작품 또한 수년 전 한국에 소개된 바 있다. 하지만 자유 그 자체였던 그의 존재 이유는 무엇보다도 여자를 사랑하는 일에 있었다. 그의 진정한 일은 여인을 사랑하는 것이었다, 특히 자신의 아내를.

그는 열여섯의 나이에 아버지의 여자친구인 거대한 재산 상속녀의 침대로 기운차게 뛰어들어 그녀의 정부가 되었으며, 자신들의 관계를 기념하기 위해 베르사유궁의 프티 트리아농과 똑같은 저택을 짓게 하고 파티를 열어 그의 아버지를 초대하는가 하면, 창녀를 친구로 사귀어 몇 달 동안 하루도 거르지 않고 서너 차례씩 꽃다발을 보내어 관리인으로 하여금 그녀가 혹시 공주가 아닐까 하는 착각에 빠지게끔 만들기도 하였다. 그런가 하면 자신의 어머니의 절친한 연인의 해골과 뼈를 집 안에 들여다 놓고, 그것이 저 유명한 나폴레옹 외무상이었던 탈레랑의 뼈라고 능청스레 둘러대다가 탄로나서 집 안을 발칵 뒤집히게 하는 등, 기상천외한 기행과 사랑의 모험을 한순간도 멈추지 않았다. 심지어 죽어서까지 그의 영원한 연인이자 아내였던 저자의 어머니에게 끊임없이 무덤으로부터 열렬한 사랑의 편지가 배달되게 하는가 하면, 17년이 지난 오늘날까지 그의 아내를 포함하여 그를 사랑했던 30여 명의 여인들을 해마다 그가 죽은 날을 기해 성당에 모여 눈물을 흘리게 하여, 그가 죽음으로써 안도의 숨을 내쉬었던 그녀들의 남자들을 참담하게 만들기도 하였다. 스위스의 그의 무덤에는 하루도 빠짐없이 지금까지도 제비꽃 다발이 놓이고 있다.

東文選 現代新書 102

글렌 굴드, 피아노 솔로

미셸 슈나이더

이창실 옮김

캐나다 태생의 전설적인 피아니스트 글렌 굴드에 관한 전기
　정상에 오른 32세 나이에 무대를 완전히 떠났으며, 결혼도 하지 않고, 50세라는 길지 않은 생을 살았던 천재적인 피아니스트 글렌 굴드에 관한 전기나 책들이 외국에서는 이미 많이 나왔으나 국내에는 처음으로 번역 소개되었다.
　삐걱거리는 의자, 몸을 흔들며 끙끙대는 신음, 흥얼대는 노래, 다양한 음색, 질주하는 템포, 악보를 무시하는 해석, ……독특한 개성으로 많은 음악애호가들의 사랑을 받아 왔던 글렌 굴드의 무대 경력은 불과 9년에 불과했다. 30세가 되면 연주회를 그만두겠다고 밝힌 바 있었으며, 32세에 이를 실행하였다. 50세에는 녹음을 그만두겠다고 했다가 50세가 되던 다음 다음날 임종했다. 짧다면 짧고 단순하다면 단순하다고 할 수 있는 이 연주가에 대해 한 편의 전기를 쓰는 일이 결코 쉬운 일이 아니었을 것이나, 여기서 저자는 통상적인 전기물의 관례를 깨뜨린 채 인물의 내면으로 곧장 빠져 들어감으로써 보다 강렬한 진실을 열어 보이는, 예기치 못한 방법으로 그의 삶과 예술 세계를 조명하고 있다. 그리하여 그동안 그의 음악을 들어 오던 독자들로 하여금 평소에 생각했던 점들이 너무도 또렷한 언어들로 구현되고 있다는 느낌을 떨쳐 버릴 수 없도록 해주고 있다. 굴드의 연주에 대한 날카로운 분석은 물론 그런 연주와 밀접하게 얽혀 있는 한 삶에 대한 저자의 이해와 긴 명상에 동참하는 기쁨을 누리게 해준다.

자기를 다스리는 지혜

한인숙 (東文選 편집주간)

■ 500여 명의 성공인들이 털어놓은 증명된 지혜

흔히 사람들은 돈·명예·성공을 바라 마지않으면서 그것을 얻는 데에 필요한 지혜를 먼 곳에서만 찾으려 한다. 남보다 더 먼저 더 멀리 나아가야 더 많은 것을 얻을 수 있다고 생각한다. 그러나 알고 보면 그 지혜란 것은 의외로 가까운 우리 곁에 있다.

여기에 실린 글들은 모두가 이 시대 각 분야에서 나름대로의 성공을 거둔 이들의 입말에서 그 엑기스만을 가려뽑아 묶은 것들이다. 따라서 옛 시대의 공허한 논리가 아니고, 또한 금방이라도 떼돈을 벌어줄 것만 같은 비아그라 같은 처방약도 아니다. 보통 사람이 감히 흉내낼 수 없는 고도의 전문적인 지식을 필요로 하는 그런 것은 더더욱 아니다. 오히려 누구나가 당장이라도 실천할 수 있는 극히 단순한 것들이며, 이미 그 **성공이 입증된 이 시대의 살아 있는 지혜**들이다.

본서는 1981년부터 지금까지 23년에 걸쳐 메모해 온 것들 중 여러 신문과 잡지들에 실린 수천 명의 성공한 인물, 혹은 화제의 인물들과의 인터뷰 속에서 철학이 담긴 말들을 엮은이가 가려뽑아 묶은 것이다. 학자, 사상가, 과학자, 재벌회장, 시인, 소설가, 종교인, 경영인, 음악인, 배우, 가수, 자원봉사자, 식당주인…… 등등 각 분야에서 나름대로의 성공을 거둔 이들의 **체험에서 우러나온 삶의 밑천이 된 진실된 '말 한마디'**를 모았다.

널리 알려진 위대한 성현들과 대학자들의 수많은 명언이나 격언들은 제외하였다. 대신 실제 체험에서 우러나온 살아 있는 입말들 중 이 시대에 그 효용이 확인된 말들만 가려 모은 것이다. **같은 말이라도 누가 했느냐에 따라 그 신뢰성과 현실감의 무게가 달라지기 때문**이다.